鬼と日本人

小松和彦

角川文庫
21065

鬼と日本人

目次

鬼とはなにか

なによりもまず怖ろしいものの象徴

おそらく、日本で生まれ育ったならば、「鬼」という言葉を知らない者はいないだろう。その姿かたちも、すぐに頭のなかに想い浮かべることができるはずである。

姿は人間に似ているが、筋骨たくましく、顔は醜悪で、頭には角があり、肌の色は赤や青、黒といった原色、左右の口から鋭い牙《きば》がはみ出ている。虎の皮のふんどしを締め、山の奥や天上界、あるいは地下世界、地獄などに隠れ住んで、夜陰に紛れて人間界に出没し、悪事を働く。

こうした特徴のなかでも、頭の角が生えているかどうかが、もっとも重要な指標である。今日では、多くの場合、角の有無で、鬼であるかどうかの判断が下される。

鬼は長い歴史をもっている。鬼という語は、早くも古代の『日本書紀』や『風土記』などに登場し、中世、近世と生き続け、さらには現代人の生活のなかにもしきりに登場してくる。ということは、長い歴史をくぐり抜けて来る過程で、その言葉の意味や姿かたちも変化し多様化した、ということを想定しなければならない。

じっさい、その歴史を眺め渡してみると、姿かたちもかなり変化している。鎌倉時代の鬼の画像をみると、角がない鬼もいれば、牛や馬のかたちをした鬼もいるし、見ただけではとうてい鬼と判定できない異形の鬼もいることがわかる。それがだんだんと画一化され、江戸時代になってようやく、角をもち虎の皮のふんどしをつけた姿が、鬼の典型となったのであった。

しかしながら、怪力・無慈悲・残虐という属性はほとんど変化していない。鬼は、なによりもまず怖《おそ》ろしいものの象徴なのである。

もちろん、鬼のなかには、人間に慈悲深い鬼もいれば、人間にこき使われる鬼、人間に適当にあしらわれる愚かでか弱い鬼もいる。だが、そうした鬼は、怖ろしい鬼がいるからこそ生み出された変則的な鬼であり、そこに鬼の本質を見出すことはできない。

日本の妖怪変化史の太い地下水脈

「鬼」は「人間」の反対概念である。すなわち、日本人が抱く「人間」概念の否定形、つまり反社会的・反道徳的「人間」として造形されたものなのである。ということは、鬼は集合名詞であって、たくさんの鬼がいるということでもある。

そのなかで、もっとも有名な鬼が、大江山《おおえやま》の「酒呑童子《しゅてんどうじ》」である。酒呑童子は南北時代製作の絵巻『大江山絵詞』（逸翁《いつおう》美術館蔵）のなかに初めて登場してきた物語・伝説上の鬼である。

物語はきわめて単純で、酒呑童子という鬼の大将が多くの鬼を従えて大江山に住み、ときどき都に現れては、貴族の子女や財宝を奪っていった。このため、勅命を受けた源氏の武将・源　頼光《みなもとのよりみつ》とその配下の渡辺綱《わたなべのつな》たちが出かけて行って退治する、という話である。

この物語が、室町時代にもてはやされたのは、足利将軍家が源氏の流れを汲んでおり、その「起源神話」「王権神話」という性格をも賦与されていたからであろう。この話が広く世間に流布した結果、いつのまにか頼光たちに退治された酒呑童子は鬼の代名詞となったのであった。

鬼の歴史、さらにいえば妖怪変化の歴史を眺め渡して気がつくもう一つの特徴は、中世までの「化けもの」（妖怪）の多くが、鬼と深い関係を保っていたことである。古代から中世にかけての妖怪種目は、それほど多くはない。鬼以外では、大蛇（龍）、天狗《てんぐ》、狐、狸、土蜘蛛《つちぐも》、つくも神（古道具の妖怪）などがその主たるものであるが、大蛇にせよ、土蜘蛛にせよ、つくも神にせよ、鬼の性格ももっている。

たとえば、『土蜘蛛草紙絵巻』によれば、やはり頼光に退治される土蜘蛛の妖怪は「鬼」の姿になって出現しているし、『付喪《つくも》神絵巻』では、古道具たちが「鬼」になって悪事を働いたために退治されている。

さらにいえば、狐の妖怪を描いた『玉藻前草紙絵巻《たまものまえ》』でも、退治された妖狐の魂魄《こんぱく》は「鬼」となって出没し、玄翁《げんのう》和尚に引導を渡されてようやく鎮まった。

鬼の歴史は、日本の妖怪変化史の太い地下水脈ともなっているのである。

鬼の子孫を名乗る人々

ところで、鬼を考えるときに忘れてはならないのは、「怖ろしいもの」を意味する「鬼」という語を手に入れた日本人は、自分たちとは「異なる」人々、たとえば海を渡って侵入して来る異民族の海賊や漂着者、山に棲《す》む先住の集団、自分たちの支配に従わない周辺の人々にも、「鬼」というラベルを貼ったことである。たとえば、その痕跡《こんせき》は、上述の大江山酒呑童子伝説にも刻み込まれている。

この物語は、都（天皇・貴族）の側からの物語である。その秩序を乱したから、酒呑童子は退治されたのであった。

これに対して、酒呑童子は都の勢力について、次のように批判する。「先祖伝来の土地である比良《ひら》の山に住んでいたところ、都から伝教大師という悪人がやってきて強力な呪力で私を追い払って、延暦寺《えんりやくじ》を建てた」。

この言葉のなかには、高度な知識と軍事力を背景にして、抵抗する人々を制圧しながら周辺地域を支配下に収めていった天皇政権の、征服と開発の歴史が刻み込まれているようである。酒呑童子の側からすれば、都の勢力こそ征服者であり、「鬼」なのである。

さらに興味深いのは、鬼が怖ろしい者・否定的なものを表す言葉でありながらも、その子孫と称する人々が散見されることである。

大峰《おおみね》山の麓の洞川《どろがわ》は、修験道の祖・役《えん》の行者に従っていた前鬼・後鬼のうち、後鬼の子孫の集落であるという。

また、比叡山《ひえいざん》の麓の八瀬《やせ》も、鬼の子孫（八瀬童子）の集落であるといい、彼らは冥宮《めいきゅう》の従者である鬼の子孫で、天皇や天台座主などの葬送の折に、その柩《ひつぎ》を担ぐ役を務めることを特権としていた。

さらにいうと、播磨《はりま》の国・書写山円教寺《えんぎょうじ》の修正会で代々鬼役を務める家も、寺を開いた性空《しょうくう》上人に従っていた鬼（護法童子）の子孫であると伝えてきた。

しかも、こうした、鬼の子孫と称する人々の家での節分の豆まきでは、「福は内、福は内、鬼も内」と言って豆を撒くというのである。

なぜ鬼の子孫を名乗るようになったのかの理由は一概にいえないのだが、体制の外部に排除された鬼ではなく、体制のなかに組み込まれた鬼、鬼の役を引き受けることで体制内で生きようとした人々の、複雑で屈折した歴史が隠されているようである。

鬼の子孫が残した伝承

そんな歴史を考えるのに参考となるのが、京都の貴船《きふね》神社の社人として奉仕してきた鬼の子孫をめぐる伝承である。

興味深いことに、貴船神社には、当の鬼の子孫が自分たちのことをどのように考えていたかを物語る書物が所蔵されている。

『黄船社人舌氏秘書《きふねしゃじんぜっけひしょ》』と題されたその冊子は、最近まで鬼の子孫と称する「舌《ぜつ》」という旧社人の本家筋に秘蔵されていたもので、江戸中期に、舌家の一〇四代目当主である舌左衛門守宗富によって記された。

その冊子のなかの『貴布禰双紙』には、次のようなことが書かれてあった。

舌氏の始祖は、貴船大明神に従って天上より来臨した仏国童子（酒呑童子や八瀬童子などと同じ「童子」と名乗っているのが興味深い）である。

この童子は、明神から天上のことは一切語ってはならないと厳命されていた。にもかかわらず、おしゃべりな童子はついつい天上のことを他人に漏らした。

怒った明神は、童子の舌を八つ裂きにしたところ、童子は吉野の山に逃げ込み、その地の「五鬼」（役の行者の後鬼のことであろう）を従えて暮らしていたが、やがて貴船に戻って山中の鏡岩の洞に籠もっていた。

これを知った明神は、三年後に再び召し使うことにした。仏国童子は、齢一三〇年をもって雷電とともに天に去った。

その子の僧国童子は、最初は丹生明神に仕え、その後、吉野の山に踏み入り、五鬼や小鬼を残らず従えて貴船に戻り、貴船明神に仕えた。この僧国童子は、齢一〇二歳で亡くなった。その子は法国童子、法国童子の子は安国童子という。この安国童子までの四代は、その姿が怖ろしい鬼に似ていたが、五代目から「日の本」の者と同じになった(系図によれば、この五代目から「舌」と名乗っている)。

一族は子孫代々繁栄して、明神に奉仕した。また、先祖を忘れないために名字を舌と名乗り、明神が舌を八つ裂きしたことにちなみ、家紋は菱のなかに八の字を置いたものである。

これに対応するかのような話が、中世に作られていた。『貴船の本地』の物語である。それによれば、鞍馬《くらま》の参詣にきた鬼国の姫が、縁あって人間の貴族の妻となり、死後に貴船の神になった、と語っている。

また、『京都風俗志』には、京都の人々は、貴船の奥に住む鬼は地下の通路を通って、深泥池《みぞろがいけ》の畔の穴から出てきて洛中に侵入すると考えていたので、節分で撒いた豆をこの穴に捨てる習俗があった、と記されている。

京都の人々は、いつの頃からか、貴船の奥の谷に鬼の住処《すみか》があると想像していたのである。

鬼はなお生き続けている

ところで、こうした鬼の歴史、鬼と称する人々の来歴を調べることから明らかになるのは、鬼とは相対的な概念であって、かりにここに二人の人間、二つの集団が存在したと仮定したならば、互いに相手もしくは相手の集団に対して、状況によっては「鬼」というラベルを貼り付けることができる、ということである。

実際、太平洋戦争の際には、当時の日本の支配者は、英米の人々に「鬼畜」というラベルを貼りつけた。

このために、進駐軍が来たとき、子どもたちのなかには、米兵の頭には角がある、と思って怖れた者もいたという。

留意したいのは、異形の者、無慈悲な者、人間より大きく強靭《きょうじん》な者等々の属性が鬼に与えられるということから、それを敷衍《ふえん》して、さまざまなものの属性に対しても鬼という語が冠せられることがあることだろう。

トンボのなかでも最大級のトンボにはオニヤンマ、百合のなかでも最大級の百合には鬼百合、情け容赦もなく厳しい指導をする監督などには鬼監督等々。

現在では、超自然的存在としての鬼の信仰は、ほとんど衰退したといっていい。しかし、鬼という語は、非人間的な行為とされるような、言い換えれば、鬼がするような行為や属性をもった者や事物に対しては、なお比喩《ひゆ》的であるにせよ、衰えることなく用い続けられている。その意味では、鬼はなお生き続けているわけである。

どうやら、鬼の歴史を考えるということは、隠された日本の歴史を発掘することにもつながっており、「鬼」というラベルを貼られた存在を考えるということは、どのような人が鬼とされるのかを考えることでもあるようである。

鬼の時代

——衰退から復権へ

鬼に関心をもっていることもあって、以前、ＩＮＡＸギャラリー大阪で開かれていた「鬼瓦——飛鳥から昭和まで——展」にでかけてみたことがある。

寺院の屋根などの棟端に、鬼面らしきものの彫刻をほどこした瓦をすえるようになったのは、八世紀頃のこととされている。しかし、はっきりと角をもった鬼の顔が刻み込まれるようになるのは、鎌倉時代以降のことである。

ところで、今日では一般的に、鬼とは人間に危害を加える邪悪な超自然的存在で、昔の人々の想像の産物と考えられている。しかしながら、鬼がたどってきた歴史は、それを生み出した人々の歴史と同様に、それほど単純であったわけではない。昔の人々の多くは鬼の存在を信じていた。文献のなかには鬼に関する記述が数多く見出され、伝説や昔話などを通じても語り伝えられた。鬼はまた、絵画のなかにその姿が描かれ、芸能においても重要な役割を演じていた。さらに、かつては鬼とみなされた人々がおり、自ら鬼の子孫と称する人々さえも存在していた。

鬼の性格も、時代や地方あるいは状況に応じてかなり変異を示しており、概して鬼は邪悪な存在とみなせるが、人間の側に立って人間に福をもたらすような鬼も存在していたのである。鬼の歴史とは、このようにまことに複雑なものであった。

「鬼瓦展」を見て、私が興味深く思ったのは、並べられている鬼瓦にも、そうした鬼の歴史の多様な足跡の一端が示されていたことである。

展示されている鬼瓦を時代順に追ってみていくとわかるように、鬼瓦の全盛時代は中世であり、近世に入ると衰退に向かっている。近世においては、鬼瓦が占めていた位置に、それに代わって打ち出の小槌《こづち》やきんちゃく（財布）、大黒天（七福神の一人）、桃（鬼を退治した桃太郎のシンボル・マーク）などを彫った瓦がすえられる、という傾向が現われてくるのである。これは明らかに、鬼瓦の変質、それを支えていた人々の鬼についての観念の変質を意味している。

鬼瓦は、外部から侵入してくる目に見えない恐ろしい悪鬼・悪霊たちを退散させる、つまり「魔除《まよ》け」のためにすえられたものと考えられている。今日の人々からみれば、邪悪な鬼を退散させるために、邪悪な鬼の顔を彫った瓦を魔除けにすることを奇妙に思うかもしれない。

しかしながら、中世の人々の鬼についての観念は今日とはかなり違っていたらしく、鬼のなかに二重の性格を見出していた。人間に危害を加える好ましくない側面と人間の側に立って邪悪な者たちを追い払うという好ましい側面である。たとえば、お伽草子《とぎぞうし》『天狗の内裏』によれば、牛若丸は鬼の島の大王の婿になって「虎の巻」と呼ばれる兵法を手に入れており、『一寸法師』では、鬼の所有していた打ち出の小槌《こづち》によって、一寸法師は一人前の男になることができた、と語られている。鬼たちは人間に福をもたらすさまざまな呪具をもっており、人々は鬼との対応次第で、それを手に入れることができたのである。すなわち、鬼の邪悪な側面を封じ込め、好ましい側面を引き出してそれを役立たせることができると考えていたのである。

人間にコントロールされた鬼、しかも恐ろしい力をもった鬼――こうした鬼を屋根に配することによって、人間に害をもたらそうとする鬼を退散させようとしたのが鬼瓦であったのだ。

中世は、鬼瓦の全盛時代というだけでなく、さまざまな分野において鬼が大活躍した時代であった。鬼の代名詞とされるほど有名な「酒呑童子」や「茨木童子《いばらきどうじ》」もこの時代に生まれた鬼たちである。芸能のなかの鬼も、文学のなかの鬼も、その多くはこの時代に誕生した。中世はまさに鬼の時代であった。こうした鬼の台頭は、この時代が古代や近世に比べて、社会秩序が不安定であったことと深く関係している。そして鬼の性格のあいまいさも、そうしたことと無関係ではないはずである。

近世に入って社会秩序が安定するとともに、鬼はそれまでもっていた両義的性格を奪われ、邪悪な力の形象とみなされる傾向が強くなる。鬼は悪として制圧され封じ込められてしまうのである。もはや鬼は人間たちの守護神となりえず、節分において追い払われる弱い存在になってしまい、それと呼応して、鬼瓦もまた魔除けの役割を徐々に失い、恐ろしい邪悪なものとして屋根から追放の運命をたどることになったわけである。

たしかに古い鬼は変質し衰退してしまっている。しかし、奇妙なことに、高度情報化社会のさまざまな情報のなかに、新しい鬼や妖怪が再び活動の場を与えられはじめている。たとえば、伝奇小説、ホラー映画、アニメ、ゲームなどの流行は、その端的な表れである。これらのなかで、鬼や妖怪や怪獣たちが大活躍している。「鬼瓦展」もそうした動きの一環をなすものなのかもしれない。

とすれば、私たちは再び妖怪の時代、鬼の時代を迎えようとしているのだろうか。そしてこの現代の妖怪たちは、私たちになにを告げ、なにをもたらそうとしているのだろうか。

「百鬼夜行」の図像化をめぐって

はじめに

「鬼」という言葉を聞いたならば、どのようなイメージを抱くだろうか。おそらく、①頭には角をもち、②口からは牙《きば》がのぞき、③手には金棒をもった、④虎の皮のふんどしを締めただけのほとんど裸同然の、そして⑤赤とか黒、青といった原色の肌をした、⑥筋骨たくましい、⑦人間に似た生き物、を思い浮かべるのではなかろうか。

子どもたちが楽しむ絵本などに登場する鬼たちは、ほぼ間違いなく、こうしたイメージにそって描かれている。いいかえれば、現代の日本人は、幼いころから、こうした鬼のイメージを絵本や漫画などを通じて刷り込まれて育つわけであるから、上述のようなイメージを思い描くのは当然のことなのである。

しかしながら、鬼の歴史をさぐってみると、鬼のイメージは最初から上述のように語られていたわけではなく、まことに多様な姿かたちをとっていたことがわかる。たとえば、鬼が跳梁《ちょうりょう》した平安時代末期の説話集である『今昔物語集《こんじゃくものがたりしゅう》』（巻一四の第四二）は、「尊勝陀羅尼の験力で鬼の難を遁《のが》るるものがたり」と題され、西三条右大臣（藤原良相）の若君が、両親の夜間外出厳禁の言い付けを破って、こっそり女のもとに忍んで行く途中、異形の者に遭遇するが、お守りの尊勝陀羅尼のお陰で難を逃れたという話であるが、そこには「さまざまの怖ろしげなる形なり。これを見て鬼なりけり」、と記されている。ここで述べられている「鬼」は、さまざまな怖ろしい姿かたちをした者であって、上述のような鬼が含まれていたとしても、それに限定されるわけではなさそうなのである。では、当時の人々は、こうした「さまざまの怖ろしげなる形」をどのように理解していたのだろうか。どのようにイメージしていたのだろうか。

私は『百鬼夜行絵巻の謎』等において、こうした問題について簡単に議論してきた。この小論の目的は、そこでの議論を、事例の細部に目を向けつつ、改めて検討することにある。

説話に描かれた〈さまざまな怖ろしげなるものたち〉

まず、説話のなかの文字での描写を探ってみよう。たとえば、右の事例を語り直した『古本説話集』（下の第五一）「西三条殿の若君、百鬼夜行に遇《あ》ふ事」では、次のように表現されている。「手三つ附きて足一つ附きたる者あり。目一つ附きたる者あり」。ここでは、身体上の異形さが強調されているようである。

また、同じ『今昔物語集』（巻一三の第一）「修行僧義睿、大峯の持経仙にあうものがたり」と題された話も参考になる。この話は、回国の修行僧である義睿が、熊野の大峯山の奥に分け入った先で、法華経を信仰する老僧の庵に行き当たり、一夜の宿を乞う話であって、この老僧には身辺を給仕する護法童子が従っていることや、その験力は水瓶を飛ばして道案内をさせたほどであった、といった神秘的な事柄が語られているわけであるが、その中心となるのが、夜になって「かすかに風が吹き、戸の隙間から覗《のぞ》き見ると、さまざまな異類の形をした多くの鬼神が来た。ある者は馬の頭、ある者は牛の頭、あるいはまたある者は鳥の首、あるいは鹿の形をしている。このような姿かたちをした多くの鬼神がそれぞれ香花や供物を捧げてやってきて、庵の前の庭に高棚をこしらえて、そこに置いて、礼拝・合掌して立ち去っていった」というエピソードである。

ここで語られている「さまざまの異類の形なる鬼神ども」という表現は、西三条右大臣の若君が遭遇した異形の者たちについての「さまざまの怖ろしげなる形なり。これを見て鬼なりけり」という表現と一致する。したがって、若君が遭遇した鬼たちは、手が三つで足が一つの者や、目が一つの者、目が三つの者、馬の頭をした者、牛の頭をした者、あるいは鳥の首の頭をした者、鹿の形をした者など多様な姿かたちをしていた、ということが推測できるだろう。

さらに、これを補足する事例として、『宇治拾遺物語』（巻一の三）「鬼に瘤《こぶ》とらるる事」のなかの「おおかた、やうやう、さまざまなるものども、あかきいろには青き物をき、くろきいろには赤き物をたふさぎにかき、大かた、目一つある者あり、口なき者など、いかにも言ふべきにもあらぬ者ども、百人ばかりひしめきあつまり……」や、同じく『宇治拾遺物語』（巻一の一七）「修行者、百鬼夜行にあふ事」の「百人ばかり、此堂の内に来集ひたり。ちかくて見れば、目一つきたりなどさまざまなり。人にもあらず、あさましき物どもなりけり。あるひは角おひたり。頭もえもいはずおそろしげなる者ども也」などといった描写も挙げることができるだろう。すなわち、上述の姿かたちに、さらに肌の色が赤や黒の者、角を生やした者なども、付け加えられるわけである。

しかも、こうした群れをなして夜に出没する「さまざまの鬼」は、「百人ばかり」と表現されていることからもわかるように、「百鬼夜行」とも呼ばれていた。もっとも、この「百」は、いつも百人の鬼の群れということではなく、ひしめくほど多くの、しかも多様な姿かたちの鬼たちというふうに理解すべきであり、またその出没場所は、都の大路だけでなく、上述のいわゆる「瘤取りの翁」の事例が物語るように、山奥でも群れをなして出没したのであった。

現代人が抱く鬼のイメージを離れて考える

さて、群れをなして出没する鬼たち、つまり「百鬼夜行」の姿かたちの多様さを確認したわけであるが、このような指摘はなにも私が最初ではなく、伊藤昌広や黒田日出男などによってすでに指摘されていることである。

私がこれから検討してみたいのは、上述のような文字で描写された「さまざまの異類の形なる鬼神ども」を、絵画によって表現したならばどのように描かれたのだろうか、ということにある。視覚を重視する現代人にとって、その点こそがもっとも関心をそそるところではなかろうか。

鬼を絵画化した作品は多い。したがって、そうした画像を探し出し、それらを集積することで、「さまざまの異類の形なる鬼神ども」の姿かたちが具体的に浮かび上がってくるはずである。

たしかにそのとおりなのだが、しかしながら、そもそもの出発点となる「鬼」をどのように規定するかによって、探し出すべき「鬼」が異なってくる。もっとはっきりいえば、規定が異なれば、鬼の一部しかすくい上げることができないのではなかろうか。たとえば、すでに黒田日出男は「絵巻のなかの鬼」という論文によって、こうした問題に挑戦している。しかしながら、黒田のイメージする鬼は、その論文で上述のような「さまざまの異類の形なる鬼神ども」つまり「百鬼夜行」に言及・吟味していながらも、絵巻のなかに鬼を探すときには、冒頭で述べたような、現代人が幼いころから刷り込まれてきた画一化した鬼のイメージに捉えられているためであろう、知らず知らずのうちに、その種の鬼、すなわち現代の日本人がそれを見たらすぐに鬼だとわかるような鬼を拾い出すに留《とど》まっている。すなわち、彼が取り上げたのは、『北野天神縁起絵巻』

のなかの地獄図に描かれた地獄の獄卒としての鬼、『餓鬼草紙』の餓鬼＝疫病神としての鬼、『吉備大臣入唐絵詞』のなかの阿部仲麻呂の亡霊としての鬼、『長谷雄草紙』の朱雀門の楼門の上で長谷雄と双六《すごろく》の勝負をする鬼などである。

このような鬼は、現代の日本人に浸透している典型的な鬼であるので、見た目にもすぐに鬼とわかり、議論もしやすい。しかしながら、どう考えても、そうした鬼は、上述の「さまざまの異類の形なる鬼神ども」としての鬼たちとはかなり異なっていると言わざるをえない。したがって、私たちが平安時代末期から鎌倉時代あたりの時代に考えられていた百鬼の絵画イメージを探し出すためには、現代の鬼の絵画イメージを括弧にくくって、その当時のイメージをそのまま表現したと思われる異形の者たちの絵像を探さねばならないのである。

当然のことながら、そうした絵像は、今日の日本人がその絵像を見てもにわかには鬼と判断できないような姿かたちをしている可能性が高い。たとえば、「手が三つで足が一つの者」の絵画化したイメージを想像していただきたい。はたして現代人がそれを見てすぐに「これは鬼だ」と判断できるだろうか。鳥の頭をした者を「これも鬼だ」と判断できるだろうか。おそらくは、「これは化け物だ、妖怪だ」と判断するのではなかろうか。

黒田日出男の論文について批判めいた言葉を述べたが、じつは私自身も、絵巻などに鬼の絵像を探すさいに、ついつい現代人が抱く鬼のイメージを手がかりにして絵像を探してきたようである。たとえば、鬼といえば、絵巻にその物語が描かれている、大江山の「酒吞童子」や鈴鹿山の「大獄丸《おおたけまる》」が有名であるために、こうした鬼に焦点を合わせて鬼を論じてきたのである。しかしながら、自分自身への反省を込めて言うならば、上述のように、平安時代から鎌倉時代の鬼イメージの形成期の鬼の絵像探しは、もはや現代人からみれば鬼とはみなされないような「鬼」探しなのだ、ということである。いいかえれば、これから試みる「さまざまの異類の形なる鬼神ども」の絵像探しは、「百鬼夜行」の絵画表現探しであるとともに、現代人にとっての「妖怪・化け物」の絵像上の先祖探しでもあるわけである。

「百鬼夜行」の絵像を探る

さて、こうしたことを十分に肝に銘じて、中世の絵巻やそれから時代がやや下った絵巻を順次繰り直してゆくと、いくつかの絵巻のなかに、百鬼夜行を描くことが目的ではないにもかかわらず、話の流れの必要上から「百鬼夜行」を絵画化することになったのではないか、と思われる場面を見出すことができる。

その一つは、『泣不動縁起絵巻』(奈良国立博物館蔵)の一場面(図1)に描かれた「異形な者=疫病神」である。この場面自体はそれほど珍しいものではない。「安倍晴《あべのせい》

図1　『泣不動縁起絵巻』(奈良国立博物館蔵、撮影　森村欣司)

明《めい》」と彼が操る「式神」が描かれているということで、拙著『憑霊信仰論』において取り上げて以来、あちらこちらで紹介されてきた場面である。今回この場面を取り上げたのは、安倍晴明が描かれているということではなく、従来では、晴明の祈禱——師の智興の命を救うために、弟子の証空が身代わりとなるための祈禱——によって調伏される「疫病神」として説明されてきた、右手側の晴明と祭壇を挟んで向かい合っている左手側の異形の者たちが、上述の「百鬼夜行」を絵画化したものではなかろうか、と思われるからである。

図2

図3

図4

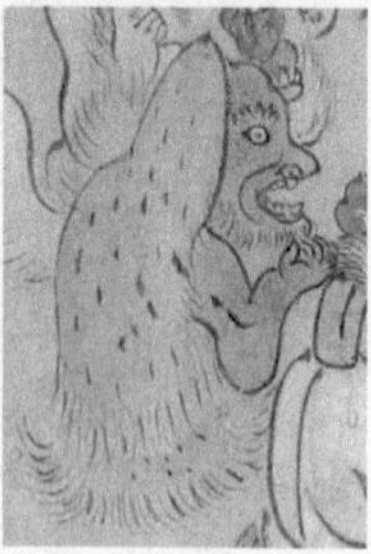
図5

図6

図7

図8

図2〜8　全て『泣不動縁起絵巻』(奈良国立博物館蔵、撮影 森村欣司)

描かれている疫病神は五人、いずれも個性豊かな異形の者たちである。順に見ていこう。右端の疫病神は、拡大して見るとよくわかるが、「五徳」(鉄輪)を頭にした妖怪で、身体は獣を思わせる。「五徳」を逆さにして、その三本の足を角もしくは髪に見立てており、その下に造形された顔は異形ではあるが、なんとなくユーモラスである(図2)。その左隣は、明らかに「角だらい」を立てて頭にした妖怪で、やはり獣を思わせる身体を持っている。角だらいの底に目鼻口を付けた顔も、やはり滑稽である(図3)。これに対して、残りの三体は無気味な感じの妖怪で、中央、角だらいの左脇の妖怪は、大きな口を開き、細長い頭にはたくさんの目が付いている。よく見ると、鼻の上の目は三つあり、その上に両眼と両眉のセットが三セット重ねることで造形されている。身体は豹《ひょう》の皮を思わせる斑模様《まだらもよう》である(図4)。その隣、絵では下方の妖怪は、顔は年配の人間に似ているが、手の様子は四つ足の動物を思わせる。身体は長頭多眼の妖怪のそれとそっくりである(図5)。その右脇、一番下の妖怪は長いくちばしを持ち、腰から下の身体は明らかに鳥の羽を思わせるので、鳥の妖怪のようである(図6)。この鳥の妖怪は、上述の「さまざまの異類の形なる鬼神ども」のうちの「鳥の首の鬼」に対応するような絵ではなかろうか。

ところで、この絵巻には、これまであまり注目されてこなかったが、別の場面にも、「さまざまの異類の形なる鬼神ども」の仲間と思われる異形の者たちが描かれている。それは、智興の身代わりとなった証空の、そのまた身代わりとなった不動明王が、閻魔《えんま》宮に捕縛・連行されていく場面に登場する。不動明王を閻魔宮に連行していくのは、閻魔王の家来たちであるから、地獄の獄卒＝鬼たちともいいかえることができるだろう（図7、図8）。そのような家来がここに描かれているわけであるが、その姿は、馬の面をした異形の者と牛の面をした異形の者である。この牛頭・馬頭の者は、おそらく上述の説話で語られていた「ある者は馬の頭、ある者は牛の頭の鬼」を絵画化したものに相当すると思われる。つまり、回国修行僧の義睿が大峯山の奥で目撃した、「さまざまの異類の形なる鬼神ども」（百鬼夜行）を絵画化して示すならば、当時の人々は、右で見た『泣不動縁起絵巻』に描かれていた異形の者たちとして描くのではなかろうか。

「百鬼夜行」の絵画表現

もちろん、こうしたイメージは、「さまざまの異類の形なる鬼神ども」の一部でしかないだろう。もっと多様な異形な者たちで構成されていたはずである。

そう思って、当時の絵巻を探ってゆくと、そのことを如実に物語る画像に出会うことができた。『融通念仏縁起絵巻』（東京国立博物館蔵）の「正嘉疫癘《しょうかえきれい》の段」の一場面に描かれた「群集する疫病神」（図9）たちである。私が都の大路や平野の街道などを群行する「百鬼夜行」を描いた最古の絵ではなかろうかと推測しているものである。この場面の背景を説明しよう。

図9 『融通念仏縁起絵巻(模本)』(東京国立博物館蔵) Image: TNM Image Archives

武蔵国与野郷の名主の家で、疫病から逃れるために融通念仏宗の信者が集まって念仏を唱えていた。そのとき、名主の夢に、大勢の異形の者たちが、群れをなして名主の門前に押しかけ、門内に乱入しようとしていた。驚いた名主が、疫病神たちに念仏勧進の次第を説明すると、疫病神たちも、名主が差し出した名帳(結衆交名帳)に次々に名前を記入し、随喜の思いで結縁に加わったのであった。

『融通念仏縁起絵巻』には多くの伝本があるが、伝本によってこの場面で描かれる「疫病神」(百鬼夜行)たちの数は異なっている。私が知る限りでは「疫病神」をもっとも多く描いているのは、伝本中でも最古とされるクリーブランド美術館蔵のものであろう。群集する異形の者たちは総勢一九人。名主の面前にいる鬼は、差し出された名帳に自分の名前を記入している。残念ながら、これらの鬼がなんという名前の鬼なのかまではわからない。絵師は、この場面を描くために先行の説話のなかの「さまざまの異類の形なる鬼神ども」を想起したり、あるいはその絵画化されたものを参照したり、あるいはまた自らの想像力を駆使して、これら一九人の疫病神を描いたに違いない。

これら一九人の異形の者たちすべての顔を、顔写真風に拡大して抜き出してみた(図10〜図28)。一瞥《いちべつ》すればわかるように、まったく同じ顔の鬼がいない。明らかに絵師はさまざまな「百鬼」を描こうとしていたのである。ここに描かれた鬼たちは、現代人がこれは鬼だと判断できるような者も混じっているが、単体で示されたならば、鬼とは言い難く、化け物・妖怪と表現してしまうだろう鬼たちもたくさんいる。これが当時の鬼たちの姿かたちだったのである。

これらの鬼たちには、それぞれそのような姿かたちになった理由があったのだろうが、残念ながら、私には判断できない。しかしながら、若干の目立った特徴を述べることはできそうである。これらの鬼たちは、おおむね髪を逆立たせている。この逆立つ髪が、鬼であり、また怨霊《おんりょう》でもあることを物語っているようである。三つ目の鬼が二人と、多眼の鬼が一人いるので、鬼は目に特徴があったこともわかる。鳥のような鬼もいるし、牛や豚を思わせる者もいる。また、頭に動物の骸骨を載せている者がいるが、これはおそらく骸骨となったこの動物の怨霊が鬼となったのだろう。さらに、ここには、『泣不動縁起絵巻』のなかにいた「五徳の鬼」と「角だらいの鬼」も見出すことができる。これは五徳や角だらいが鬼化＝怨霊化したものであろう。のちに「つくも神」と総称される道具系の妖怪の先祖である。

じつは、これらの鬼たちのなかで、気になるのが、群れの左下方に描かれている「紙製の御幣をもった二人の鬼」（図27、図28）である。御幣とは布や紙で作られた祭祀《さいし》の道具であって、神の依代《よりしろ》とか、鬼を追い払うための道具として使われたりした。

これに関連すると思われるのが、『不動利益縁起絵巻』（東京国立博物館蔵）や『泣不動縁起絵巻』（清浄華院蔵）のなかに描かれた、安倍晴明に従う「式神」である。

式神は陰陽師の呪力で使役される鬼神の一種で、その姿かたちは百鬼夜行のたぐいなのだが、人間に災いをなす疫病神＝鬼神のたぐいを追い払うために活動する。図29や図30の式神の絵をご覧いただくとわかるように、御幣をもち、疫病神（疫鬼）をそれで追い払っている。したがって、ここに描かれた御幣をもつ鬼も、仏法の力で駆使されている「式神」や「護法」に相当する者かもしれない。とくに下方左端（図27）の、御幣を振り回して駆けつけている鬼は、式神を思わせるのだが、いかがなものだろうか。今後も検討を重ねる必要がありそうである。

さて、こうした多様な鬼が存在していたことがわかってくると、今日の鬼は、そうし

図10

図11

図12

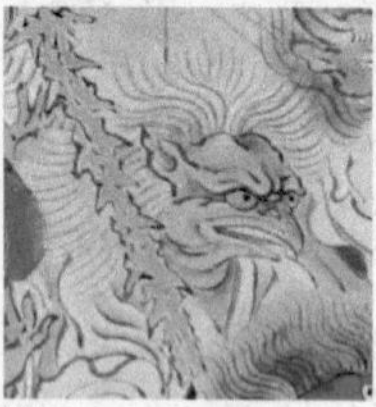
図13

図14

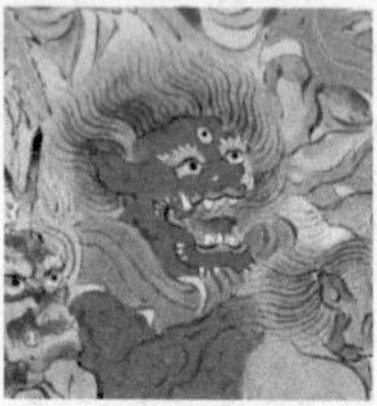
図15

図16

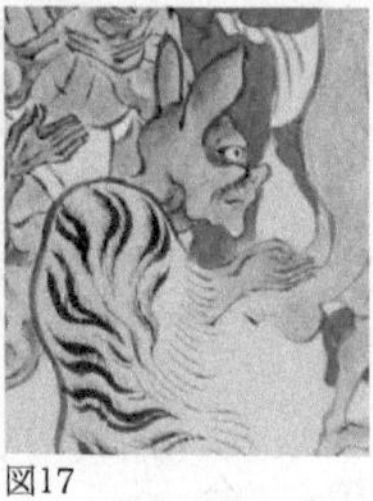
図17

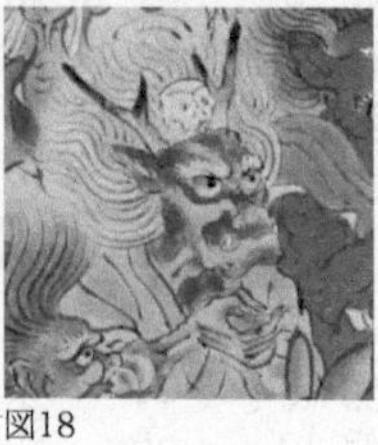
図18

図19

Archives

図20

図21

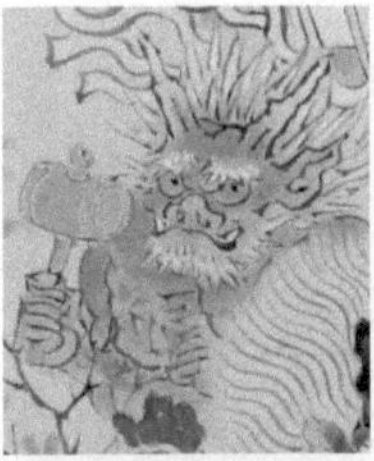
図22

図23

図24

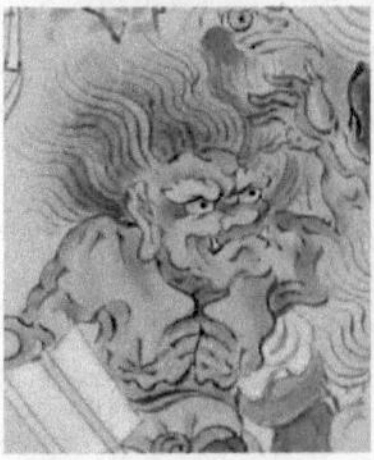
図25

図26

図27

図28

図10〜28 『融通念仏縁起絵巻(模本)』(東京国立博物館蔵) Image: TNM Image

た鬼のうちの一部、つまり、角を持った異形な者に限定されていることもわかってくる。すなわち、「角を持たない鬼」は、鬼の仲間から次第に排除され、「化け物」と称されるようになっていったのである。今日でいう「化け物」と総称される異形の者たちを意味する語であった「鬼」が、「化け物」にその総称としての役目を奪われてしまったわけ

図29（上）、図30（下）ともに『泣不動縁起絵巻』（奈良国立博物館蔵、撮影　森村欣司）

である。

中世の鬼という語は、「化け物」（妖怪）の総称であって、その姿かたち、その由緒・出自も多様であったということを確認することは、とても有意義である。というのは、当時の文献に登場する鬼を、そうした脈絡で考え直す必要を迫るからである。たとえば、当時の文献のなかに「鬼」という文字が出てきたときに、私たちはついつい「角を持った筋骨逞《たくま》しい異形の者」をイメージしてしまうのだが、その文献の記述者はじつは「多眼の鬼」をイメージしていたかもしれないし、「角だらいの鬼」をイメージしていたかもしれないからである。

『大江山絵詞』のなかの「さまざまな鬼たち」

鎌倉時代に製作された『不動利益縁起絵巻』や『融通念仏縁起絵巻』では、「さまざまの異類の形なる鬼神ども」は、物語の展開上、たまたま描かれることになったものである。ところが、中世のなかごろの南北朝時代前後から、そうした鬼たちの集団を武将たちが退治するという絵物語が生み出されるようになる。それが『大江山絵巻』（『酒呑（天）童子絵巻』）や『土蜘蛛草紙絵巻』などの絵巻である。しかも、そのような鬼集団の頭目や主立った家来には名前が与えられ、鬼の代名詞として、アンチ・ヒーローとして、広く人々に知られるようになっていった。その代表が大江山に根拠を置いていたという「酒呑童子」であり、鈴鹿山に住んでいた「大嶽丸」であった。すなわち、鬼といえば酒呑童子や大嶽丸をイメージするようになっていったのである。

こうした絵巻の登場は、鬼の歴史に照らしてみたとき、古代から成長してきた鬼伝承・鬼信仰の頂点を物語っているようである。というのは、この時代あたりから鬼のイメージは、「角を持った筋骨逞しい異形の者」へとイメージが固定化し始めたからである。こうした鬼のイメージの固定化は、すでに見たように、逆にいえば、「さまざまの異類の形なる鬼神ども」の宗旨替え、つまり「鬼」から「化け物」へと代わっていくことを意味した。

大江山の酒呑童子と称する鬼を頭目にいただく鬼の集団は、見方を変えれば『融通念仏縁起絵巻』の群れをなす鬼の一団を主人公にした物語であるというふうにも理解できる。酒呑童子の手下たちは群れをなして都に出没し、人をさらって食べていたのであるから、その活動はまさに「百鬼夜行」そのものであったと言えるだろう。

もしそうだとすれば、私たちが探し求めている「さまざまの異類の形なる鬼神ども」は、鬼の頭目だけではなく、その家来の鬼たちでもある、ということになる。ところが、これまでの私たちの関心は酒呑童子に注がれて、ほとんどその家来の姿かたちにまで説き及ぶことがなかった。名もないその他大勢の家来の鬼として片づけられていたのであった。

しかしながら、「さまざまの異類の形なる鬼神ども」としての「百鬼夜行」という観点から、こうしたその他大勢の家来の鬼を眺めてみると、意外な発見があることがわかる。というのも、たとえば、最古の伝本であるとされる逸翁美術館蔵の『大江山絵詞』を見ると、彼らの姿かたちは、明らかに、それ以前の絵巻などに描かれていた「百鬼夜行」の流れを汲《く》んでいることがわかるからである。

　この絵巻は、大江山の奥にある鬼の城が主な舞台であるために、絵巻の随所に家来の鬼たちが描かれている。図31や図32には、絵巻に描かれた家来の鬼たちが、控えの間で、ゴロ寝したり、おしゃべりをしているらしい様子が描かれている。これらの鬼たちの顔を顔写真風に列挙してみたものが三九頁の一覧である（図33〜43）。

　ここには、多様な鬼が描かれており、なかには三つ目の鬼や馬面の鬼もいる。しかもそのほとんどの鬼に角がない。もっとも、明らかに道具の鬼や鳥の鬼あるいは長頭多眼の鬼の姿は見えない。ここには、「さまざまの異類の形なる鬼神ども」の伝統を継承しつつも、鬼のイメージが固定化の方向に向かっていることが示唆されているようである。「大江山（酒呑童子）絵巻」はその後もたくさんの模本・転写本が制作された。しかし、これらの模本絵巻に描かれた家来の鬼の姿かたちは、「さまざまの異類の形なる鬼神ども」の伝統を留めつつも、時代が下るにつれてさらにいっそう多様性が失われて、角を持った筋骨たくましい異形の者たちが増加してゆく傾向が見られる。

　それにしても妖怪研究にたずさわりながら、うかつだったのは、こうした著名な絵巻にも、古代末から中世に形成された「さまざまの異類の形なる鬼神ども」として「百鬼

図31　『大江山絵詞』(公益財団法人　阪急文化財団　逸翁美術館蔵)

図32　『大江山絵詞』(公益財団法人　阪急文化財団　逸翁美術館蔵)

図35

図34

図33

図38

図37

図36

図40

図39

図43

図42

図41

図33〜43 『大江山絵詞』(公益財団法人 阪急文化財団 逸翁美術館蔵)

夜行」が描かれていたにもかかわらず、そのことに注意を払わずに見過ごしてきたことである。この絵巻の伝本は近世になってもなお描かれ続けたのであるから、その系譜と変容の過程をきちんとたどるべきだったと思う。私たちは、現代広く世間に浸透している「鬼は角がなければならない」という固定観にとらわれて、多様な鬼の歴史を見逃して来たようである。

「百鬼夜行絵巻」の誕生をめぐって

さて、この小論を締めくくるにあたって、室町時代に登場した「百鬼夜行絵巻」について、少し議論を進めておこう。これまでの考察から、「百鬼夜行」とは群れをなして出没する「さまざまの異類の形なる鬼神ども」のことであった。また、そうした「百鬼夜行」は、都などでは大路に出没することになるが、その出没場所は必ずしも大路に限られていたわけではなく、山の中であれ、屋敷であれ、どこにでも出没する可能性があった。

私は、ここではそれをとりあえず「大路出没タイプ」「山中出没タイプ」「屋敷出没タイプ」の三つに分けることにする。

「大路出没タイプ」の百鬼夜行たちは、本稿の冒頭で紹介した『今昔物語集』(巻一四第四二)「尊勝陀羅尼の験力で鬼の難を遁るるものがたり」の事例などを挙げることができるだろう。

また「山中出没タイプ」の百鬼夜行の事例としては、『宇治拾遺物語』（巻一の三）「鬼に瘤とらるる事」を挙げることができる。

そして、「屋敷出没タイプ」の百鬼夜行の事例としては、『宇治拾遺物語』（巻一の一七）「修行者百鬼夜行にあふ事」などもこれに相当するが、もっとも典型的な事例としては『今昔物語集』（巻第二七の三一）「三善清行宰相家渡りのものがたり」を挙げることができるだろう。

「三善清行宰相家渡りのものがたり」は、化け物が出るということで売れないでいた家を、陰陽道の知識にも明るい三善清行が安く買って引っ越したところ、その晩、化け物が次々に出没する、という話である。まず、天井の組み入れ格子ごとに人の顔が出るが、清行が少しも騒がずにいると、今度は南の庇《ひさし》の板敷に、丈が一尺ほどの馬に乗った者たちの四、五十人が西から東へ移動する。さらに、塗籠から丈が三尺ほどの異様な服を着た色気漂う女が顔を扇子で隠して出現する。最後に、庭から翁《おきな》が現れ、平伏して、ここに住む者だ、といい、苦情を述べて、一族の者を引き連れて退去する。作者はこの「さまざまの異類の形なる鬼神ども」を「鬼」と述べている。ほぼ間違いなく、当時の考えでは「百鬼夜行」である。

さて、こうした三つのタイプの百鬼夜行出没の物語は、文字で読んでも面白いが、それを絵巻に仕立て直したらさらに面白いものになるのではなかろうか。もしそのような絵巻があれば、それは上述の分類にしたがって「大路出没タイプの百鬼夜行出没絵巻」「山中出没タイプの百鬼夜行出没絵巻」「屋敷出現タイプの百鬼夜行出没絵巻」ということになるはずである。

室町時代の作とされている『付喪神記』(崇福寺蔵)は「大路出没タイプの百鬼夜行出没譚」の影響を受けて制作された絵巻であり、南北朝期の作とされる『土蜘蛛草紙絵巻』は、「屋敷出没タイプの百鬼夜行出没譚」の影響を受けて制作された絵巻であろう。右の二つの絵巻ほど直截ではないが、上述の『大江山絵詞』は「山中出没タイプの百鬼夜行出没絵巻」と言いうるものである。そして、この種のタイプの物語絵巻はいずれも、その後も連綿と描かれ続けているのである。

明らかに、こうした絵巻群は、「さまざまの異類の形なる鬼神ども」を描いた絵巻であり、古代末から中世に流布した「百鬼夜行」の系譜を引いているという意味で、〈百鬼夜行絵巻〉と言いうるはずである。

しかしながら、そうはならなかった。「百鬼夜行」という語はそのような意味で定着・継承されていかなかったのである。というのも、すでに述べたように「鬼」のイメージがしだいに限定・固定化するにつれて、多くの「さまざまの異類の形なる鬼神ども」が「鬼」のカテゴリーから除外され、「化け物」としてカテゴリー化されるようになり、排除された鬼たちを描いた絵像は「化け物絵」となり、そうした鬼を登場させた絵巻は〈化け物絵巻〉と呼ばれることが多くなっていったからである。すなわち、鎌倉時代の者が見れば「百鬼夜行」と認識されるであろう異形の者たちは、室町時代以降はしだいに「化け物」と認識されるようになっていったのである。

したがって、これまでの議論に従って見ると、「百鬼夜行」(群れをなしている鬼たち)のたぐいが描かれた絵巻は、〈百鬼夜行絵巻〉と総称することができるものであり、また〈化け物絵巻〉とも総称できるものなのである。

ところが、個別の絵巻の命名において、当時の人が、上述のような観点から、『土蜘蛛草紙絵巻』を、これは「屋敷出没タイプの百鬼夜行出没絵巻に属する絵巻である」などと注記しなかったし、するわけもなかったので、「百鬼夜行」の理解に大きな変化が生じることになったわけである。

すなわち、大路を群行していると思われる「さまざまの異類の形なる鬼神ども」が描かれた『百鬼夜行絵巻』と称する個別絵巻が登場したが、山中や屋敷に出没する「さまざまの異類の形なる鬼神ども」だけの「百鬼夜行絵巻」と名づけられた絵巻は登場しなかったのである。「大路出没タイプ」の「百鬼夜行絵巻」だけがもてはやされ、その模本・転写本が多数制作されたのであった。

たとえば、大徳寺真珠庵所蔵の『百鬼夜行絵巻(百鬼夜行図)』もその一つであり、京都市立芸術大学所蔵の『百鬼夜行絵巻』や国際日本文化研究センター所蔵の『百鬼夜行絵巻(百鬼ノ図)』もそうである。

その結果、「百鬼夜行」は二重の限定を受けることになっていった。その一つは、「百鬼夜行絵巻」とは「大路出没タイプ」の絵巻に限定される傾向が強くなり、「山中出没タイプ」や「屋敷出没タイプ」の百鬼夜行出没絵巻を「百鬼夜行絵巻」と名付けがたくなっていったこと、もう一つは「百鬼夜行」という語の意味も次第に「大路タイプ」の「百鬼夜行出没絵巻」に描かれた「さまざまの異類の形なる鬼神ども」に限定されるようになっていったことである。

さらにやっかいなことには、いくつか制作されたこうした「大路出没タイプ」の「百鬼夜行絵巻」のなかでも、「道具の鬼」の絵柄におおむね特化した「大路出没タイプ」の「百鬼夜行出没絵巻」、すなわち真珠庵本系の「百鬼夜行絵巻」が人気を博したこともあって、「百鬼夜行絵巻」といえば「道具の鬼（化け物）」を描いた絵巻を想起する傾向が強くなっていったことである。つまり、「百鬼夜行」といえば「道具の鬼（化け物）」を想起するようになっていったのであった。

しかしながら、鬼の歴史、「百鬼夜行」の歴史、「さまざまの異類の形なる鬼神ども」の歴史、そしてその絵画化の歴史を鳥瞰《ちょうかん》するならば、そうした「道具の鬼たち（化け物）」は、さまざまな鬼たちの一部にすぎない。そのことをしっかりと念頭に置くことによってこそ、真珠庵本系統の「百鬼夜行絵巻」を含めた「百鬼夜行出没絵巻」をより深いところから理解できるのである。

たとえば、『付喪神記』（つくも神絵巻）は、捨てられた古道具が変化の能力を獲得して「鬼」になって悪行の限りを尽くすが、高僧によって派遣された護法童子に調伏され、それまでの悪行を反省して仏教修行に励んだ末に成仏した、という物語を描いている。つまり、つくも神とは古道具の鬼であり、古道具の怨霊なのである。しかも、道具に手足や目鼻が付いている状態の「道具の鬼」は、完全な鬼の姿かたちになるまでの過渡期の状態として描かれている。あるいはまた、『土蜘蛛草紙絵巻』の土蜘蛛の精もまた「鬼」の姿で源頼光たちの前に出現している。つまり、『付喪神記』（つくも神絵巻）も『土蜘蛛草紙絵巻』も、「さまざまの異類の形なる鬼神ども」としての「百鬼夜行」の思想を背景にもつことで成り立っている物語であり、道具の鬼（化け物）、土蜘蛛の鬼（化け物）の物語なのである。今日、「百鬼夜行絵巻」と総称される絵巻の鬼（化け物）たちも、そうした文化史的脈絡のなかで把握しなければならないのである。

思うに、「さまざまの異類の形なる鬼神ども」の歴史、すなわち「百鬼夜行」の歴史、そしてその絵画化の歴史をたどることは、鬼の歴史をたどることであるとともに、「化け物」の歴史をたどることでもある。その意味で、「鬼」は妖怪文化史を考えようとする私たちにとって、なおいっそうの探求が求められている存在だといえるだろう。

参考文献

伊藤昌広「『百鬼夜行』譚」（『鬼』怪異の民俗学4、河出書房新社、二〇〇〇年）
黒田日出男「絵巻のなかの鬼」（『鬼』怪異の民俗学4、河出書房新社、二〇〇〇年）
小松和彦『百鬼夜行絵巻の謎』集英社新書、二〇〇八年

小松和彦「『百鬼夜行絵巻』誕生の謎を解く」(『人間文化』一〇号、人間文化研究機構、二〇〇九年)
田中貴子『百鬼夜行の見える都市』ちくま学芸文庫、二〇〇二年

「虎の巻」のアルケオロジー
――鬼の兵法書を求めて

鬼とは何か

「鬼」とはなにかをひと言で表現するのは容易なことではない。オニとは語源的にいうと、「穏《おん》」つまり隠れていて目に見えない神霊であって、それが死霊《しりょう》を意味する中国の漢字の「鬼《き》」と結びつけ重ね合わさった概念である、と説かれるのが一般的である。しかし、それはあくまで「鬼《おに》」の語源なのであって、日本の歴史をくぐり抜けてきた「鬼」の多様化した概念を適切に表現しているとはいえそうにない。

では、鬼とはなんなのだろうか。人間は恐怖する動物である。見知らぬ者、異形《いぎょう》の者、異文化に属する者を恐怖する。そして、おのれの権力にまつろわぬ者を恐怖し、その結果、葬り去った者の怨念《おんねん》を恐怖する。こうして恐怖の対象になったものが、「鬼《おに》」と名づけられたのである。その一方では、恐怖する人間はその恐怖から逃れるために、社会集団をつくり、さらに国家までつくりあげた。したがって、集団や国家は程度の差こそあれ、それが存続しようとする限り、その「外部」に具体的な鬼を、あるいは目に見えない想像上の鬼をつねに必要としているわけである。

というわけで、日本の鬼は便宜的に、社会的に存在するものと目に見えない想像上のものの二つの系統に区分しうるといえよう。すなわち、一方には、鬼とみなされた人々が存在し、他方には、人々が想像し絵画のなかや文献のなかや演劇のなかに登場する鬼たちが存在しており、しかも双方は互いに深い関係を取り結んでいたのである。つまり、鬼とみなされた人々の諸属性が想像上の鬼のイメージ形成に作用し、それとは逆に、想像上の鬼のイメージが社会的存在としての鬼の諸属性やイメージを形成しているようなことがしばしば見られたのである。こうして、鬼のイメージは画一化しつつもそれなりの多様性をもっているわけなのだ。

あらゆる人間集団はその「外部」に鬼を、もしくは鬼に相当する存在を想定している。したがって、村落にも、都市にも、山村にも、農村にも、そこにふさわしい鬼たちがその「外部」に存在しているはずである。存在していなければ、社会は存在しえないのである。現代の日本国家もその「外部」に〈仮想敵国〉という「鬼の国」を設定し、それからの攻撃を恐怖するために、軍備を増強しているのは周知の通りである。

ところで、注意しておきたいのは、社会の「外部」の鬼は、社会集団が占めている地域の物理的な意味での「外部」にのみ存在しているわけではない。ある社会集団が生活している同じ地域内で別の社会集団や人々も生活している場合には、そうした人々を鬼とみなしてしまうこともあるのである。

では、日本において、鬼と呼ばれたのはどのような人々であったのだろうか。ここで、私たちは日本国家という権力装置を強く意識せざるをえなくなる。というのは、民俗学的な資料ではなく、天皇や貴族などの記録を中心とする文献史料を扱う場合、そうした人々にとっての「鬼」を問題とせざるをえないからである。彼らから「鬼」と呼ばれた人々は、彼らを恐怖させ、排除しようとさせ、そして差別しようとするほど強烈なパワーをもった人々であった。したがって、支配者たちの側の記録を、反転させて鬼とされた人々に身を寄せつつ、支配者たちの記録を読み直していくとき、日本の鬼の歴史は、これまでとはまったく異なったものとして私たちの前に浮かび上がって来ることになるはずである。以前、私が内藤正敏《ないとうまさとし》とともに『鬼がつくった国・日本』（光文社）という本を著したのは、そうした意図に導かれてのことであった。

こうした視点から、京都という空間に生きた人々の歴史を眺め直していくと、史料不足のためにひどく不鮮明ながらも、これまでとははるかに異なった京都のイメージが浮かび上がってくる。いうまでもなく、私たちが興味深く思うのは、〈光〉の中心、権力者たちの中心たる天皇や貴族や武士たちの世界ではなく、鬼たちの世界である。京都空間において彼らの拠点はどこにあったのか。これこそが私たちがいまここで考えようとしている課題である。

〈光〉の側が恐怖を排除し統御しようとして、またそうした圧力のなかで鬼の側が作り出した拠点は、京都には数多く存在している。しかし、私がもっとも注目している地点は、鞍馬《くらま》、貴船《きぶね》、一条堀川《いちじょうほりかわ》、五条天神《ごじょうてんじん》、北白川《きたしらかわ》、八瀬《やせ》などである。地理的にはかなり離れているが、これらの地点は、鬼という要素を介することで互いに結ばれており、そこに京における鬼の歴史を垣間見ることができると思われる。

牛若丸と「虎の巻」をめぐって

室町時代に制作されたと考えられているお伽草子《とぎぞうし》のなかに「虎の巻」という兵法書《へいほうしょ》のことが語り込められている物語がある。たとえば、『天狗《てんぐ》の内裏《だいり》』は、鞍馬の山奥に〈内裏〉を構える大天狗つまり「闇の世界の帝《みかど》」を尋ねた牛若丸が、大天狗のはからいで冥界《めいかい》巡りの末に、九品《くほん》の浄土で大日如来《だいにちにょらい》に生まれ変わっていた父の義朝《よしとも》に会い、平家《へいけ》打倒のための知恵をいろいろと授かる、という物語である。このとき、義朝は「虎の巻」について次のように述べている。

四国讃岐《さぬき》国、法眼に伝はる、いしたまるた神通といふ巻物あり、法眼が一人姫、皆鶴女に契《ちぎ》りを籠《こ》め、彼の巻物を盗み取り、それより帰り、又日の本の艮《うしとら》に当りて、きまん国といふ島は、鬼の島にてありけるが、鬼の大将は、八面大王と申すは、四十二巻の虎の巻物を持ちてありけるぞ。彼の島に渡り、大王が婿《むこ》になり、一人姫の朝日天女に契りをなし、この巻物を引出物に取り、それより立帰り、秀衡《ひでひら》五十万騎を引率《いんそつ》し、汝十八と申すには、都へさし上すべし。

ここでは二種類の兵法の巻物が述べられている。一つは讃岐の法眼の所持する「いしたまるた神通」という巻物であり、いま一つは鬼の大将の八面大王の所持する四二巻の「虎の巻」である。しかし、これは話を面白くするために少し複雑にした結果で、もとは巻物の入手先は一箇所であった。

牛若丸と兵法の巻物の結びつきを語るもっとも古い伝承は『義経記《ぎけいき》』にみられるもので、そこには「虎の巻」ではなく「六韜《りくとう》」という一六巻の兵法書を秘蔵している一条堀川の陰陽師《おんみょうじ》の頭《かしら》の鬼一法眼《きいちほうげん》から、牛若丸がその末娘と契ることによって彼女の助けを得てそれを盗み出すことに成功した、と述べられている。したがって、この「六韜」のヴァージョンが『天狗の内裏』にみえる、讃岐の法眼の「いしたまるた神通」の巻物であり、鬼の島の八面大王の「虎の巻」であることが推測しうるにちがいない。法眼の巻物と八面大王の巻物が、置換可能なものだということは、お伽草子の『皆鶴』では、法眼の所持する四二巻の兵法の書物を「虎の巻」と呼んでおり、『御曹司島渡《おんぞうししまわたり》』では、千嶋（ゑぞが島）の喜見城《きけんじょう》のかねひら大王という鬼が所持する兵法書にして祈《き》禱《とう》書である「大日《だいにち》の法」を盗み出していることからも明らかである。

では、牛若丸が手に入れた秘巻はなぜ「虎の巻」なのだろうか。なるほど、周《しゅう》の太公《たいこう》望《ぼう》の撰とされる兵法書「六韜」は実在し、そしてそれは文・武・龍・虎・豹・犬の六巻からなっている。「虎の巻」がこの一つ「虎韜」をさし、島田貞一や岡見正雄などが明らかにしたように「四二巻」という巻数は、張良《ちょうりょう》に伝えられたという「兵法秘術書」一巻四二ヶ条に由来するのであろう。

しかし、それにしても、なぜ「龍の巻」や「犬の巻」などではなく「虎の巻」なのか、という疑問は残る。『皆鶴』の牛若丸が、皆鶴姫（『義経記』の末娘に相当する）を通じて入手した「兵法の巻四二巻」のうち「虎の巻」のみを残してその他を焼き捨ててしまうということからも「虎の巻」が重視されていることがわかるはずである。

しかし、いまの私には、牛若丸が天狗から兵法を学んだ鞍馬の寺が毘沙門天《びしゃもんてん》を祀《まつ》る寺院で、寅《とら》の日を重視することと関係があるのではないか、と推測している程度しかその答を見出せないでいる。

なぜ「虎の巻」なのかという追究はさておき、「六韜」やその日本的ヴァージョンである「虎の巻」の伝承の担い手はどのような人々であったのか、という疑問もまた大いに検討すべき課題であるかにみえる。私がここで問題にしたいのは、その点なのである。

鬼たちのネットワーク

「六韜」や「虎の巻」つまり〈鬼の兵法〉の書の伝承の担い手を考える重要な手懸《てが》かり

は、鬼一法眼であろう。

『義経記』には、彼は一条堀川に、周囲に堀を巡らした屋形を構えて「天下の御祈禱《きとう》をする」陰陽師法師とある。一条堀川といえば、かつて陰陽博士の安倍晴明《あべのせいめい》が屋敷を構えていたところとされ、近くの戻橋《もどりばし》の下には彼が駆使したという鬼神《きじん》つまり「識神《しきがみ》」が伏せられていたと伝えられている。

安倍晴明が駆使した鬼神は想像上の鬼であるが、現実の鬼と無関係であったわけではなく、彼に支配されていた下級の陰陽師が「識神」とみなされ、怖れられ、そしてやがて賤視《せんし》され差別されていったらしい。

たとえば、江戸時代に著わされた浅井了意《あさいりょうい》の『出来斎京土産』では、「晴明は人形を作りて、識人《しきにん》と名づけ、常にめしつかひけるに真《まこと》の人のごとし。昼は動きはたらき、夜はうち倒《たをれ》けると、晴明が妻おそろしがりける故に、比《この》人形を、夜は戻橋のしたに置たれば、性念つきて、内裏の官女に行かよひ、子をうみけり。名も氏もなし。たゞ捨てられて後は、死《し》たる牛馬を食として子孫漸々おほくなり、人も牛馬を剝《はき》くらふ川原の者とて、穢多《えた》の先祖なりといふ」と記している。また、これと同様の伝承は近世の被差別民の間でも信じられていたらしく、四条河原の操り人形師の語った記録にも「安倍晴明人形を作り、終に一条戻橋川原に捨て候ふところ、変化して人形と契り、子を産り……非人とは是なり」と述べている。すなわち、近世の京都では、「河原者《かわらもの》」たちは周囲からも、自分たち自身も、戻橋の下の識神＝人形の子孫なのだと考えていたわけである。

　こうした近世京都の「河原者」の中世における姿が鬼一法眼たちであった。つまり、下級陰陽師（中世では「唱門師《しょうもじ》」とも呼ばれていた）が鬼神＝識神の子孫として怖れられ賤視《せんし》されながらも、さまざまな芸能を吸収しかつ武装して彼らなりの活躍の場を見出そうとしていたのである。そして『義経記』その他にみえる鬼の兵法伝承は、そうした人々もしくは彼らと深い関係にあった人々に伝承されてきたのである。

　鬼一法眼譚では五条天神社が重視されている。弁慶《べんけい》の母が風に吹かれて病を得たのも五条天神社に参詣《さんけい》したときであり、鬼一法眼が妹婿の印地《いんじ》の大将湛海《たんかい》を用いて牛若丸を殺害しようとした場所も五条天神の森であった。このため鬼一法眼は、つまりこの伝承の担い手たちは、戻橋に依拠《いきょ》する陰陽師であるとともに、五条天神社ともなんらかの関係をもっていたのだろう、と考えられてきた。実際、中世のさまざまな職人・芸能者たちは、寺社の支配下に入ることで、自分たちの権益を守り勢力の拡大をはかっていた。

　この点で注目されてきたのが、鬼一法眼の妹婿の湛海である。彼は『義経記』において「北白川の印地《いんじ》の大将」と呼ばれている。印地とはつぶてのことで、実際に当時の白川には印地打ちを専門とする武装集団が存在していたことが明らかにされている。湛海のいでたちは、「ばさら者」「かぶき者」というにふさわしい異様なものであった。原文を引用しよう。「褐《かちん》の直垂《ひたたれ》に筋縄目の腹巻着て、赤銅作の太刀帯《は》いて、一尺三寸ありける刀に、御免様革《ごめんようなめし》をもって鞘《さや》包みて、朴《ほお》の木を八角に削りて柄《つか》にしてみしと差し、大長刀の鞘はづして杖に突き、法師なれども常に頭を剃《そ》らされば、おつかみ頭に生ひたるに、出張頭巾ひつこみ、頭巾のつじを散々に切りて、生ひたる頭を一握みづつ空へ向けてぞつかみ出したる。力士なりになりて、鬼の如くにぞみえける」（『義経記』）。彼もまた鬼とみなされた下級の武装した陰陽師法師＝唱門師で、鬼の兵法書を欲しがっている一人なのであった。

このような白川の印地の大将と一条堀川の鬼一法眼とが婚姻《こんいん》によって深い関係を結んでいることは、実際にもそうした関係が中世においてみられたことを示しているのであろう。

『新札往来』によると、白川の印地は「六地蔵の党」と呼ばれ、祇園会《ぎおんえ》にはこの地から「白川鉾《ほこ》」をもって参加していたという。したがって、白川の印地・六地蔵の党が祇園社にもつながりをもっていたことになる。

ところが、白川の印地たちは、その一方では、といっても祇園社機構の最上位に位置する感神院別当の職を叡山《えいざん》の高僧が占めることになっていたように、祇園社自体が山門末社であったので当然といえば当然のことなのだが、山門とも深い関係をもち独自の活躍の場をもっていた。湛海が「赤山の東海坊」と紹介されているのもそれを示している。赤山《せきざん》とは天台座主安慧が師の慈覚大師《じかくだいし》円仁《えんにん》の遺命によって奉祭した外来系の天台の護法神で、北白川の北の赤山明神社もその一つであった。おそらく湛海にはこの赤山明神に奉仕する下級の陰陽師法師という側面が伝えられているのであろう。鬼一法眼の二人の息子もまた、「くい」というところで印地の大将をしていると語られているが、この

「くい」は叡山の東塔竹林院の里坊安居院《あぐい》ではないかとみなされている。

もう一つ湛海のイメージで見逃せないのは、彼が出張頭巾をかぶっていたことである。この出張頭巾はしばしば山の力者《りきしや》のかぶりものであった。すなわち、山門に属し輿《こし》をかつぎ、牛馬を扱う肉体労働者集団の頭目《とうもく》のイメージが湛海に託されているのである。『下学集《かがくしゆう》』などによると、力者の頭を「兄部《このかうべ》」と呼んでいたらしい。さらに興味深いのは、中世に大流行した「田楽」の起源伝承に、この兄部が登場していることである。すなわち、世阿弥《ぜあみ》が『申楽談儀《さるがくだんぎ》』において「田楽は、坂の上の良阿法師、山の力者也が、東塔に参りたるに、開き笠着、赤き物着たる者、棒の先に乗り、刀を廻らすと見て、青蓮院にて申ければ、さらば汝学ぶべしとて、一三人の力者、是を学ぶ。それより此道起る」と説き、『寺門高僧記』には、格勤法師（力者法師を含む）のなかから八人を選び出して芸をさせたのが田楽法師の始まりで、これを「白河田楽」と号したとあり、また『二二月消息』の白川熊野祭の記述の部分には、中古門跡の力者である兄部菊楽法師が音芸所能抜群で風流をつくしたが、この法師が田楽の創始者だと述べられている。白川の印地たちは、田楽法師たちでもあったわけである。

叡山を追われて大江山《おおえやま》にこもり悪行を働いた酒呑童子《しゆてんどうじ》に関して、やはり白川の者と同様に山門に従属して輿をかついだ力者集団である八瀬童子（閻魔《えんま》王宮からやってきた輿かき役の鬼の子孫と伝えられていた）との関係がしばしば指摘されるが、『大江山絵巻』の酒呑童子の子分たちが、山伏に扮《ふん》した頼光《らいこう》一党に、得意気に田楽を披露しているところをみると、鬼とみなされた白川印地＝田楽法師との関係がかくされているのかもしれない。

では、牛若丸と関係の深い天台宗の鞍馬寺では、どうだったのだろうか。柳田国男《やなぎたくにお》がこの点に関して興味深い史料を紹介している。「延享元年鞍馬大蔵院の書上に依れば、この寺で坊人を願人《がんにん》と呼ぶのは故実のあることで、具《つぶ》さには源公願人と云ふ。即ち義経《よしつね》公入山の砌《みぎり》、虎之巻を伝授し奉り御供して運を開いた者の末裔《まつえい》だ云々。室町時代の毘沙門隆盛の頃の産物らしい。鞍馬願人は諸国を徘徊《はいかい》して加持《かじ》祈禱を為し、札守秘符を勤むる俗法師であった」。この願人の職能をみると、中世の毘沙門信仰を核にした下級の陰陽師法師（唱門師）の後裔が近世の鞍馬寺配下の願人であったらしい。というわけで、彼らの間にも「虎の巻」所有の伝承がつたえられていたことがわかるはずである。

鬼一法眼・牛若丸譚の背後には、鞍馬、貴船、一条戻橋、五条天神、北白川、八瀬、さらには大江山へまで至る鬼の伝承、鬼のネットワークが存在していたのである。

「虎の巻」相伝の次第

さて、以上のことをふまえつつ、「虎の巻」の問題に立ち帰ってみることにしよう。

これまでの検討からあきらかになってきたのは、「虎の巻」伝承が鬼とみなされて賤視されていた中世後期の陰陽道的色彩の濃い下級宗教者＝陰陽師法師たちの間で伝えられていたらしいということであった。では、物語世界では、この「虎の巻」もしくはその前身である「六韜」などはどのような人物に伝えられていたのだろうか。

すでに紹介したように、お伽草子では、『義経記』をふまえて鬼一法眼がこれを所持するとともに、鬼の大王もまたこれを所持していた、とある。幸若舞曲《こうわかまい》『未来記』では、「三略《さんりゃく》の術書」は「昔大唐しやう山のぞうけいが伝へし秘書なり。吉備の大臣《おとど》入唐し八拾四巻の中より四二帖に抜き書きて、わが朝へわたされしを坂上の利仁九年三月に習ひ、敵を鎮め給ひけり。さてその後に田村丸、一二年三月に習ひ、奈良坂のかなつむて、鈴《すず》鹿《か》山の盗人、斯かる逆徒を平げ、天下を守り給ひけり。さてその後に癒り叡山に籠められしを、白河印地のこのこうべ、習ふと申せども、さしたる勇はなかりけり」と、その相伝《そうでん》の次第《しだい》を述べ、牛若丸に伝えられたのがこの兵法である、と説いている。

この相伝の次第は、『義経記』にみえる「張良」一巻の書もしくは「六韜」の相伝の次第、すなわち「本朝武士には坂上田村これを見て、悪事の高丸をとる。藤原利仁《ふじわらのとしひと》これを以て、赤頭の四郎将軍を取る。それより後は絶えて久しかりけるを、下総の国の住人、相馬小次郎将門《まさかど》これを読みて」のち、「ただいたずらに代々の帝《みかど》の宝蔵《ほうぞう》にうち籠めて置かれたりけるを、その此一条堀川の陰陽師法師に、鬼一法眼とて、文武の達者あり。天下の御祈禱してありけるが、これを給はりて秘蔵してぞ持ちたりける」と説いているのと、明らかに関係をもっている。しかし、『未来記』では、日本に陰陽道《おんみょうどう》や兵法を伝えたとされる吉備の大臣真備がこれを日本に招来したとしたり、叡山に納められていたとか、印地の大将兄部に伝えられた、といった記述になっているので、やや叡山の側＝白川の印地法師の側に近い人々の相伝の次第になっている。もっとも、これは大した差異とはいえないであろう。

右の相伝の次第は、いずれも、「虎の巻」以前の〈鬼の兵法書〉に関するものである。では、「虎の巻」の相伝の次第はどうなっていたのだろうか。中世の末期もしくは近世の初期の頃から、「張良の巻」や「六韜三略の巻」に代わって「虎の巻」の名が登場してくる。その背景には鞍馬の毘沙門天信仰を広めた唱門師たちの力が働いていたことはいうまでもない。そうした人々の間にも、右と同様の「虎の巻」の相伝の次第が語られていたのだろうか。そして実際に彼らの間に「虎の巻」とはっきり名づけられた兵法書が伝えられていたのだろうか。

まったくもって不思議にして面白いことに、その通りなのである。いつ頃からかは定かでないが、「虎の巻」なる書物や巻物が秘《ひそ》かに天台の僧たちの間で伝えられてきたのであった。この種の兵法書の伝本およびその系譜に関しては、石岡久夫『日本兵法史(上)』(雄山閣)で詳しく論じられているが、私が管見《かんけん》することのできたのは二つで、そのうちの一つは浅草寺《せんそうじ》医王院の蔵書のなかから私自身が発見したものである。「白川鬼一法眼所持　兵法虎巻」と題されたその書物には、戦闘のときの密教呪術《みっきょうじゅじゅつ》としての誦文が書き連ねられており、その最後に、この「虎の巻」の相伝の次第が語られていた。石岡の整理に従うと、吉備伝僧侶系・鬼一法眼義円以来鞍馬系の伝本で、おそらく鞍馬寺に現存する「虎の巻」とほぼ同一の内容のものと思われる。その主要な部分を以下に紹介してみよう。

……吉備大臣唐国に在る時、籠中に居るみぎり、鬼神一人来たり、この巻物を伝ふ。諸の誦行等を成就《じょうじゅ》す。その徳を以て帰朝す。すなはち住吉《すみよし》に参籠《さんろう》す。大明神直ちに出合ひ給ひて、唐国の籠中において一巻の巻物を汝に与へ伝へぬ。その鬼神は吾なり。汝の寿命八十八なり。臨終の前に上件の巻物を山城国《やましろのくに》愛宕郡鞍馬の仏蔵に納め給へ云々。吉備大臣臨終の前に神言のごとく鞍馬山に納め奉り置く。年月を経てその後、藤原利仁奥州出羽《おうしゅうでわ》に下り、鬼神を退治せむと欲し、鞍馬へ参籠し五七《ごしち》日を満ずる暁に、毘沙門天この巻物を利仁に伝ふ。利仁一期の間に世を続けしめ、後に、坂上田村麿利《さかのうえのたむらまろとし》宗《むね》これを伝へ、利宗一期の間に世を正し、その後、鞍馬山に納め奉る。また年月を経て後、白川の鬼一法眼と云ふ者かの御山に二百箇日の間籠り満たした暁に、この巻物直ちにこれを伝ふ。法眼誦行する故に、楽成天下の人の従ふ譬《たと》へは、草木の風に随ふが如し。その後、源義経法眼の息女と契りをなし、この巻物を盗み取り、誦行のままに起こる平家を亡ぼし給ふ。……

こうしてこれに続く相伝の次第が延々と書き記されていく。この「虎の巻」は寛文《かんぶん》一二年（一六七二）に初めて書かれたものを、大正一一年に書写したとなっている。

「虎の巻」は存在していた。そしてその巻物の成立の歴史のなかには、光が当たらない鬼たちの歴史が秘められており、彼らが果たした日本の歴史における役割、京都の歴史における役割は、想像以上に大きいものであったといえよう。

日本の文化・歴史の再発見――それはまた、鬼たちの文化・歴史の発掘・評価ということでもある。ここでは「虎の巻」伝承を手懸かりに、そのほんの断片を垣間見たにすぎない。日本文化の重要な部分を創り出した鬼たちの歴史は、まだ深い闇の奥に眠っているのである。

打出の小槌と異界
——お金と欲のフォークロア

打出の小槌《こづち》といえば大黒様（大黒天）の持ち物ということになっているが、実は打出の小槌は鬼の所有物でもあった。たとえば、お伽草子の『一寸法師』に、一寸法師が「鬼」から奪い取った「打出の小槌」で不思議を行なう場面がある。もっとも知られているのは、この小槌で一寸法師の体を打つと普通の人間の背丈になったということであるが、そのあとで一寸法師はこの小槌を振って欲しい物を出している。

なにを出したのか。一つは飯である。つまり食料を小槌から出したのだ。もう一つは、金銀を出している。つまり貨幣である。欲しい物はなんでも出せるのが打出の小槌であるのなら、現代人であったら、車だ、家だ、と次々に欲を出して望む物をすべて出そうとするにちがいない。

けれども、一寸法師は、必要最小限の飯と金銀を出しただけで、それ以後は小槌を使用しないのだ。不思議に思うかもしれないが、それが正しい打出の小槌の使用法だったらしい。

では、もし一寸法師が必要以上の「富」を出し続けたら、どうなっただろうか。おそらく、ある時点で、それまで打ち出してきた「富」のすべてを失なうことになったにちがいない。もちろん、一寸法師の背丈もせっかく大きくなったのにもかかわらず、元の一寸に逆戻りしてしまっただろう。「すべてを望む者は、すべてを失なう」というのが、打出の小槌に託されているパラドックスなのだ。

では、どうしてそうなのか。それを、ここで明らかにしてみようと思う。

私が興味深く思うのは、背丈さえ伸びれば充分なのに、一寸法師がとってつけたかのように、打出の小槌で飯と金銭を出していることである。これは、私の考えでは、打出の小槌があらゆる「富」を打ち出せる呪具なのだということを象徴的に語らせようとしたからなのだ。言いかえると、お伽草子を享受した人々、つまり京や大坂、江戸の市民にとっての「富」は「飯」(米)と「貨幣」であったわけである。

もう一つ気になることがある。打出の小槌から打ち出される飯や金銭はどこからやって来るのか、その富はどこにあった富なのか、という疑問である。

打出の小槌は鬼が所持していたものである。すると、鬼の国からそれはやって来るのだろうか。鬼の国には人間の国と同じ事物が無尽蔵といってよいほど貯えられており、打出の小槌を一振りすると、鬼の国から望む物が人間界へと移動するというわけである。

それとも、打出の小槌の一振りによって、どこかの大尽・長者の倉のなかにある物が消えて、打出の小槌の所有者の前に姿を現わすのだろうか。となると、打出の小槌とは、体のいい盗みの道具ということになる。

そうでなければ、石を金銭に、砂を米にばかしたもので、呪力《じゅりょく》が消えれば、飯や金銭は砂や石に戻ってしまう運命にあるのかもしれない。

残念ながら、この疑問に私はまだ答えを出せないでいる。けれども、次のことはいえそうである。昔の人々は、「富」は人間と人間との間の事物の交換によって移動しているものだ、とだけとらえるのではなく、人間世界を越えたどこか、つまり「異界」からやってくるものだと考えていたらしいのである。むしろ、この面の方が強調されていた。だからこそ、打出の小槌で飯や金銭を振り出せたのだ。

欲張り長者の行末

日本のフォークロア、とくに昔話や伝説の類を眺めていると、民俗社会に生きていた人々にとっても、「富」のシンボルは「米」と「お金」であったことに気づくだろう。もっとも、「お金」は文字通りの「黄金」であることもあり、その変形である「貨幣」（大判小判）であることもある。

「お金」は交換ということがあって、初めて意味をもつものである。そうした「お金」が「富」のシンボルとして民俗社会の人々に考えられていたということは、当然のことながら、民俗社会も貨幣経済に組込まれていたことが、それによって明らかにされているわけである。

しかしながら、民俗社会に現われる「お金」は、現代人にとっての「お金」とはかなりちがった形で表現されているように思われる。つまり、お伽草子の時代の考え方にきわめて近いのだ。

たとえば、「地蔵浄土」と題された昔話がある。一例を示すと、次のような話である。

爺《じい》が山に行くと弁当がいつもなくなる。七日目に握り飯を出して食うと、転げて穴の中に入る。地蔵があるのでたずねると、わしが食った、その代わりにこの大黒様をやろう、といってくれる。持ち帰って神棚に飾っておき、翌日山に行こうとすると、大黒様が、鼻がつまって困る、というので見ると、米が一粒つまっている。それをとると、つぎつぎに米が出ていっぱいになり、村一番の大尽になる。これを聞いてやってきた隣の爺に「日本一の大尽になる」と言うと、銭金が消え失せ、神棚の大黒様も消えていた。

この話では「富」のシンボルは「米」であり、それを交換することで「お金」を得て、村一番の大尽になると語られている。つまり、村びとにとってはなによりもまず「米」が「富」の源泉だったわけである。しかも、大尽になるための「米」は人間界で栽培された米を貯めたものではなく、「大黒様」から、つまり人間でない異界的存在を介して、どこからかもたらされたものなのである。

ところで、この話をとくに引いたのは、ほかでもない、「富」を生み出すのが、「大黒様」とされているからである。周知のように、大黒は恵比寿と並んで近世以降、庶民の間で福の神として信仰された。しかも、この大黒は、打出の小槌を手にしているのが一般的であった。

もっとも、この昔話には打出の小槌は出てこない。けれども、その役割を果たしているのは大黒の「鼻」で、そこから「米」(=富)がポロポロ、ポロポロとこぼれ出てきて、爺を村一番の大尽にしてくれるわけである。

ところが、村一番の大尽になった爺が、日本一の大尽を望んだとき、つまり爺が無欲から欲張りに変わったときに、この大黒(〝打出の小槌〟)の「鼻」が消え去り、それとともにこれまで得た「富」も消え去ってしまうのである。ということは、この〝打出の小槌〟は無欲で心正しい者には、すすんで「富」を与えてくれるが、自分から強欲を出した者に対しては、「富」を与えることを止めるだけではなく、これまでの「富」さえも吸い取ってしまうというわけである。

こうした話から浮かび上がってくるのは、〝打出の小槌〟からは望みの物がなんでも出てくるのだ、と私たちは思っているけれども、実はそうではなく、欲を張らない者に「富」を授けてくれる呪具《じゅぐ》なのだ、ということであろう。人間は本質的に欲張りであり、果てしなく望みをかなえたいと思う存在である。しかし、〝打出の小槌〟はその望みをすべてかなえてくれるのではなく、むしろそうした際限のない人間の欲望を戒める呪具らしいのだ。

『玉手箱と打出の小槌』（中公新書）と題するまことに興味深い本を著した浅見徹も、一寸法師の打出の小槌の使用法には頭を悩まし、「もし、打出の小槌がその機能を保持していたならば、一寸法師は、なにも都に帰って堀河の少将になどしてもらう必要はなかったのではないか。その打出の小槌を使って、東海の海上に、第二の蓬萊の島でも打ち出せばよかった。都でも国でも打ち出して、みずから帝王の位についてもよかったのだ」と述べている。たしかに、現代人の欲望とは、浅見がいう通りなのだろう。私たちは一寸法師の得た打出の小槌にそうした期待をいだき、そうしない一寸法師にいらだち、不思議の念をいだくはずである。

けれども、浅見のいうような欲を張ったとき、一寸法師が小槌を振らなくとも、そうした欲望をいだいたというそれだけで、きっと、日本一の大尽を望んだ爺と同じように、それまで得たすべての「富」を失なってしまうことだろう。一寸法師は、欲を出したために元の一寸法師に戻ってしまいましたとさ、で話が終わることになるわけである。つまり、一寸法師は、必要最小限の「富」しか打ち出さなかったことによって、彼の幸福が保障されたのである。

「地蔵浄土」で注目したいことのもう一点は、「大黒様」つまり〝打出の小槌〟を授けてくれたのが、地蔵だということである。地蔵は、六道の辻《つじ》、つまりこの世とあの世の境にいて、人間の生前の生活を観察し、正しい人生をすごした者を極楽に送り、悪い行ないをした者を地獄へ落とす役割を果たしていた。地蔵はこの世とあの世の媒介者であった。だからこそ、善良であった爺に対して大黒を与え、この爺の心が悪くなったときに大黒を取り上げてしまうことができたのである。

もっとも、地蔵や大黒がどこから「米」を調達してくるのか、という点に関しては、皆目わからない。極楽からだろうか、地獄からだろうか。

異界からの贈り物としての「犬」

「富」の調達方法は定かでないが、民俗社会の人々は、「富」は人間界の「外」から、つまり、神霊によって授けられるものだと考えていた。

右で紹介した異界的存在は「地蔵」であり、〝打出の小槌〟に相当する地蔵の贈り物は「大黒」であったが、「竜宮童子」と呼ばれる昔話群では、「地蔵」の位置を「竜宮の主」つまり（老翁の姿で登場する）「竜王」が占め、「大黒」の位置には「打出の小槌」とか「汚ならしい童子」とか「犬」とかが登場する。

善良な人間が竜宮から贈り物をもらい、それが生み出してくれる米や小判などの「富」で長者になるが、欲張ってたくさんの「富」を一度に出そうとしたために、「富」のすべてを失なってしまう、というのがこの昔話の内容である。すなわち、この昔話にも、欲張りである者は「富」を失なうという思想が見出されるわけである。

ところで、私たちが興味深く思うのは、民俗社会の人々が、「小槌」や「童子」や「犬」をどうして「富」を生み出す〝道具〟とみなしたのか、ということであろう。

これについては述べるべきことが多いが、ここでは「小槌」については鬼もしくは鬼とみなされた人々（大工などの職人）の所持品であったこと、「童子」については心身障害児を「福子」とか「鬼子」と呼んだり、かつて生涯にわたって「童子」と呼ばれる身分に置かれていた人々が鬼の子孫と考えられていたことなどから判断して、昔の人々は、「小槌」や「童子」を異界的もしくは現世と異界の媒介的存在とみなしていたらしい、といった程度の指摘にとどめておこうと思う。

では、「犬」はどうだろうか。この「犬」もまた異界的な存在、媒介的な存在であったのだ。というのは、黒田日出男も指摘するように、「一遍上人絵伝《いっぺんしょうにんえでん》」などいくつかの絵巻に、約束ごとのように、墓場の場面には、烏とともに犬が描かれているからである。祇園社などに隷属して死体の処理など〝異界〟的な仕事に従事していた下級の神人を「犬神人」と賤称《せんしょう》したが、これも犬の媒介的イメージと無縁ではないはずである。犬は「死」や「異界」に深く係わった動物なのである。だからこそ、「富」を異界から運んで来ることができるとみなされたのである。

こうした犬のイメージをまことによく表現しているのが、私たちのよく知っている「花咲爺」であり、同系統の昔話である「雁取爺」である。そしてまた、この昔話群も

「富」と「欲」をめぐる物語なのである。「花咲爺」の話を簡単にみてみよう。

爺が飼っている犬が裏の畑で「ここを掘れ」と吠える。掘ってみると、宝物が出てくる。隣の爺が犬を借りて裏の畑を掘ると、壊れた瓦や瀬戸物が出てくる。そこで、隣の爺は怒って犬を殺してしまう。よい爺がこの犬を畑に埋め、その上に松の木を植える。大きくなった松の木で臼《うす》をつくり餅《もち》を搗《つ》くと、そのたびに大判小判が出てくる。隣の爺が臼を借りて搗くと、瓦や瀬戸物が出てくる。怒った隣の爺が臼を焼いてしまう。よい爺がその灰を持って帰ると、風に吹かれた灰が枯れ木に花を咲かせる。殿様が通るときに、枯れ木に花を咲かせてほうびをもらう。隣の爺がまねをして、殿様が帰ってくるときに灰をまくと、花は咲かず灰が殿様の目に入って、隣の爺は打ち首にされてしまう。

この昔話では、「地蔵浄土」や「竜宮童子（小犬）」で一人の爺が時間の経過のなかで体現していた、「善良な爺」と「欲張り爺」が、はっきりと分立して、隣同士の「善良な爺」と「欲張り爺」となっている。そして前者の爺には犬を通じて「お金」がもたらされ、後者の爺には犬を通じて壊れた瀬戸物や瓦がもたらされるのだ。

ここで注目すべきは、主人公が一人の爺であった場合「善良」から「欲張り」へと性格を変化させたときに獲得した「富」をすべて失なうと描かれていたものが、性格が相反する二人の爺になった「花咲爺」や「雁取爺」の昔話群では、「富」の反対物が、具体的な形をとって描かれていることであろう。すなわち、「善良な爺」が得たものは、宝物や大判小判や枯れ木に花を咲かせることやほうびであったのに対し、「欲張り爺」の得たものは、瓦や瀬戸物の残骸《ざんがい》であり、死であった。

「善良な爺」が、大判小判のほか、米や酒や黄金、宝物を得ているのに対して、「欲張り爺」の方は牛馬の糞や汚物、ガラクタの類を得る。ということは、「富」に対して、マイナスの「富」についての民俗社会のイメージはそうした事物であって、それもまた「異界」からやってくると考えていたことになる。これは見逃がせないことであろう。

それでは、こうした「善良な爺」には好ましい「富」をもたらし、「欲張り爺」には負の「富」をもたらす犬は、どこからやってきたのだろうか。興味深いことに、この昔話のヴァージョン（異話）の多くは、この犬を水界から出現した、と語っているのである。つまり、この犬もまた竜宮からの贈り物であったのだ。すなわち、この犬は、「竜宮小犬」であり、「竜宮小槌（打出の小槌）」の変身、「竜宮童子」の変身であったわけである。

このようなフォークロアを眺めたあと、再び『一寸法師』の「打出の小槌」を振り続けたとしたら、どうなるのかを想像してみよう。

もう読者にはおわかりだろう。獲得した「富」を失なうばかりではなく、そのあとは瓦や瀬戸物の残骸がガラガラと出てきたり、牛馬の糞《ふん》やその他の汚物がどっさり出てきたりした挙句に、死が待っているのだ。一寸法師は善良な男であったし、知略にたけていたので、そのことを充分に知っていたのではなかろうか。だからこそ、現代人が不思議と思えるほど「打出の小槌」の使用を控えたのだ。私はそう考えたいと思う。

「長者」の原像

さて、私たちは、一寸法師の「打出の小槌」を手懸りにしながら、フォークロアの世界の〝打出の小槌〟を探り、その過程で、民俗社会の人々の「富」と「欲」もしくは「富」の具体的形象である「お金」や「米」と、「無欲」と「欲張り」の関係をみてきた。民俗社会では、善良でなければ「長者」になれないのだ。「欲張り」は貧乏になり、さらには死を迎えなければならない。ということは、長者であり続けている長者は、無欲にして善良な人物だということになるだろう。実際の長者が、そうだったというわけではない。人々はそう考えていたのだ。それが人々の長者像だったのだ。

日本では中世に「有徳の長者」という言葉がしばしば用いられるようになる。本当に「徳」を積んだかどうかは別として、長者になったということは「徳」を積んだこと、だからこそ長者になれたのだ、ということを意味していたらしい。逆に大長者になった者は「無限の鐘」をついたのだ、という言い方もされた。つまり地獄に落ちてもよいから、しばしの間繁栄を楽しもうと覚悟した人たちだとみなされていた。

このように、欲張りの長者には冷酷な未来が待っていた。これが人々のいだく、期待される長者像だったのであろう。いずれにせよ、昔の現実世界の長者たちも、そうしたイメージに多かれ少なかれ規制を受けていたはずである。その証拠を私たちはたくさんもっている。たとえば、その代表的な例は、「施行」と呼ばれる貧しい人々への施しを強制されていたという事実である。

このように、かつては「富」は「異界」から授けられるものであった。だが、現代はどうであろうか。かつての「お金」つまり「富」の管理者であった「異界」が消え去り、「神々」もまた立ち去っていった現代では、「お金」だけが生き残り、人間世界を動き回っている。このような世界で、長者はどこから「富」を得たのだろうか。彼らは「有徳の長者」なのだろうか。やがて、彼らの〝打出の小槌〟から糞やガラクタが出て没落することになるのだろうか。

『一寸法師』の「打出の小槌」に秘められているパラドックスは、こうして読み解かれ、また新たな謎を私たちに投げかけているのである。

茨木童子と渡辺綱

茨木童子《いばらきどうじ》という名前の鬼の片腕を切り落とした渡辺綱《わたなべのつな》の伝説を能式に舞踊化した河竹《かわたけ》黙阿弥《もくあみ》作『茨木』は、やはり同じ伝説から題材をえた黙阿弥作の『戻橋《もどりばし》恋の角文字』とともに、五代目尾上《おのえ》菊五郎《きくごろう》が家の芸とした「新古演劇十種」に加えられている。内容からいえば、『茨木』は『戻橋』の後日譚に相当するが、前者が鬼の腕を切った場所を羅生門《らしょうもん》としているのに対し、後者では一条堀川の戻橋となっているので、この二曲が一組になっているとはっきり意識されて作られたわけではなさそうである。

この伝説に素材を求めた作品として、たとえば、能の『羅生門』、お伽草子《とぎぞうし》『羅生門』、『綱絵巻』などがあるが、この伝説のもっとも古い記録は、屋代《やしろ》本『平家物語《へいけものがたり》』に付されている『剣《つるぎ》の巻』にみえるものである。その内容を簡単に紹介してみよう。

源　頼光《みなもとのらいこう》の使いをしての帰途、綱は夜も更《ふ》けた戻橋で一人の美女に出会う。女は綱に、五条の渡しまで送って欲しい、と頼む。綱が女を馬に同乗させて五条の渡しまで送ると、女は怖ろしい鬼に変じ、「いざ我が行く処は愛宕《あたご》山《やま》ぞ」と、綱のもとどりを摑《つか》み空中へ飛び上った。頼光から預った源氏重代《げんじじゆうだい》の名刀で鬼の片腕を切り落とすと、鬼は愛宕山をさして逃げ去った。その後、陰陽師安倍晴明《おんみようじあべのせいめい》の勘文《かんもん》に従って、綱は仁王経《にんのうきよう》を唱えて七日間の物忌《ものい》みに服する。そこに難波《なにわ》の渡辺の里から義母が訪ねて来る。そしてついに義母の懇願《こんがん》に負け、禁を破って彼女を家に入れて面会するのみか、例の鬼の腕までも披露《ひろう》してしまう。それを見た義母は、「是は吾が手なれば、取るぞ」といい放ち、鬼となって破風《はふ》から逃げ去ってゆく。

この伝説で注目すべきは、その末尾に、このようなことがあったために、渡辺党（綱を始祖とする難波の中世武士団）の屋造《やづく》りには破風を立てず、東屋《あずまや》造りにするのだ、という記述が添えられていることである。すなわち、この伝説は、渡辺党の始祖伝説、つまり東屋造りを好む渡辺党の理由を説く伝説として語られていたらしい。

いま一つ注目しなければならないのは、右の伝説の鬼は、愛宕山に棲《す》んでいる鬼と語られているが、茨木童子とは語られていない、ということである。したがって、愛宕山に棲み戻橋に出没する鬼が、茨木童子という名を獲得して羅生門に出没するというようになるのは、後代における変化ということになる。では、どうしてこの鬼は「茨木童子」という名を賦与《ふよ》されるようになったのか。

これについて、いくつかの説が出されている。その一つは、やはり中世に広く流布《るふ》していた「酒呑童子《しゆてんどうじ》」と呼ばれる鬼を首領とする大江《おおえ》山の鬼たちを、源頼光と渡辺綱を含む彼の四天王が退治したという伝説との交渉の結果とする考えである。この酒呑童子の配下に「茨木童子」という鬼がいる。この鬼と愛宕山の鬼が、同じ渡辺綱の鬼退治譚ということで重ね合せられたというわけである。

　これに関連して説かれるいま一つの説は、茨木童子の「茨木」は地名（現在の大阪府茨木市）に由来するものであり、「童子」には成人の域に達しても〝童髪童形〟のままで生きた中世の非農業民の姿が示唆《しさ》されている、というものである。こうした人々の多くは、かつては神霊を降し、神霊に関与し、穢《けが》れを清める聖なる仕事にたずさわっていたが、そうした非日常的な仕事を行なうことの正当性を説くために〝鬼の子孫〟などといった特別な血筋を標榜《ひょうぼう》し、課役免除などの特権を保持しようとしたため、中世後期以降、次第に一般の人たちから〝異人〟視され、さらには賎視《せんし》されるようになっていったと考えられている。

　たとえば、京都の北の八瀬《やせ》の里人は鬼の子孫と称し、男女を問わず終生《しゅうせい》〝童髪童形〟であったため「八瀬童子」と呼ばれ、叡山《えいざん》に従属して力役や雑役を勤めていたという。すなわち、茨木童子という名は、かつて茨木の里に住んでいた、八瀬童子と同類の人々に由来するのではないか、というのである。そして、こうした推論を支持するかのような伝説が茨木市に語り伝えられている。

　それによれば、茨木童子は、酒呑童子がそうであったように、生まれたばかりなのに毛が黒々と伸び、歯も生え揃っているという〝異常誕生児〟であって、並みはずれた力持ちであったがために、丹波《たんば》の山に捨てられ、やがて鬼の姿になって羅生門に出没することになった、と語られている。つまり、怖ろしい鬼として描かれる茨木童子の出身地であるという意識を、茨木の里人ははっきりもっていたのである（茨木童子出生の地と称するところは、茨木市のほかに新潟県長岡市栃尾にもあり、茨木童子の子孫と称する茨木姓の人々の家では、節分で「鬼は内、福は内」と唱えるという）。

しかし、ここで確認しておかねばならないのは、伝説上の茨木童子も酒呑童子も、人間社会から逸脱し捨てられ、そして人間社会に反抗する存在だということである。したがって、茨木童子たちの直接の歴史的原像は、童髪童形の非農業民それ自体のなかに求めるのではなく、非農業民の社会秩序からも逸脱して、ときには徒党を組み、ときには単独で悪行《あくぎょう》を重ねる人々、あるいは童髪童形に身をやつして悪行を働く人々のなかに、つまり「童盗賊《わらわとうぞく》」という表現を貼《は》られるような人々のなかに求めねばならないであろう。

私たちは茨木童子という鬼の背後に非農業民の存在を想定してきたが、さらにそれを「山の民」つまり鉱山労働者や修験者《しゅげんじゃ》と考える説もある。しかし、私はむしろもう少しゆるやかに考え、「川の民」つまり河川関係の労働者を含むものと思っている。というのは、茨木童子と立ち回りを演じる渡辺綱の一族が、「川の民」と深い関係をもっているからである。

『剣の巻』の渡辺綱と茨木童子の伝説が、難波の渡辺の地を本拠とする中世の武士団渡辺党の屋造りについての伝説という形をとっていることはすでに指摘した。この渡辺党は摂津多田《せっつただ》を本拠とする頼光の子孫多田源氏と密接な関係を保持しつつ、西成郡を中心に大きな勢力をもったという。この渡辺党の惣領《そうりょう》は大江御厨《みくりや》渡辺惣官として、供御人《くごにん》を率いて朝廷に魚介類を貢進《こうしん》するとともに、河川港湾・渡渉《としょう》の仕事にも従事していたと考えられている。すなわち、渡辺党の惣領は、武士団の支配者であるとともに、漁業民の支配者でもあり、また河川港湾労働者の支配者でもあったのである。つまり、渡辺党は「川の民」の支配者であったのだ。

とすれば、近藤喜博が説くように、渡辺綱伝説は、「川の民」とその支配者、荒ぶる水霊とそれを鎮斎《ちんさい》する司祭者という対立が、神話的な表現をとって示されている伝説でもある、と読み解くこともあながち的はずれではなさそうである。『異人論』や『鬼がつくった国・日本』といった本のなかで、私は民間で語られてきた妖怪《ようかい》「河童《かっぱ》」と「川の民」との関係を論じたことがある。河童の腕は抜けやすい。綱が水辺に出没する鬼の腕を切り落とすというモティーフも、「川の民」との関係を介することによって、その意味がよりいっそう明瞭《めいりょう》な形で浮かび上がってくるように思われる。

酒呑童子の首
——日本中世王権説話にみる「外部」の象徴化

王権説話としての「珠取り」説話

日本文化は、「外部」つまり「異界」を「タマ」という概念を設定することで形象化し、そのタマの操作を通じて「外部」を制御しうると考えてきた。タマは「モノ」や「カミ」といった概念とほぼ重なるものであるが、それらよりももっと多義的な概念であるかに見える。タマは不可視の霊的存在である「魂」を指示するが、他方では、形象化された「珠（玉）」と深い結びつきを持っていた。つまり、「魂」の形象化したものが「珠」であったのである。もっとも、この「珠」はむき出しのままの姿で人の前に姿を現わすことは少なく、龍とか鬼とか狐といった、その時代の特定の社会集団が表象する「外部」の形象の衣を身にまとって現われてくる。しかし、日本人はそうした衣の下に、「珠」を見ようとしてきたのである。

人間社会を脅かしその秩序を乱す「タマ」は、古代では「アラタマ（荒魂）」とされた。そのアラタマが、人間社会の側からの操作によって秩序の側に吸収されると、「ニギタマ（和魂）」と呼ばれた。そのプロセスは、「自然」を「文化」へと変換するプロセスともいえるであろう。では、それは具体的にどのような操作であったのだろうか。

それは神話的位相である「語り」と、儀礼的位相である「演技」という、二つの位相によって示される。神話的位相では「外部」の象徴が退治されたと物語られ、儀礼的位相では「外部」の象徴を「境界」の外へと排除することが演じられるのである。いま少し具体的にいうと、前者は怪物・妖怪の類を退治する物語として、後者は目に見えないそのような類のモノを「境界」の外へ送り出す祓いの儀礼として、私たちの前に示されている。つまり、人間社会の側から英雄が現われてモノを退治したり、宗教者が現われてモノを鎮め追い払えばいいわけである。

しかしながら、人間社会の秩序を成り立たせている権力を集約しているような「内部」の「中心」、つまり「王権」が存在している場合には、さらに神話的位相および儀礼的位相の双方が、この「中心」との関係についても言及されることになる。なぜなら、その「中心」は社会の「中心」であると同時に、世界の「中心」でもあり、かつそれは「外部」によって支えられていることをつねに自覚しているからである。こうして人間社会の「中心」の成立を物語る物語は、「外部」をめぐる物語という形をとることになるわけである。これが日本における、「珠」をめぐる物語である。

では、「珠」をめぐる物語とは、いかなる内容の物語であろうか。ひと言でいえば、

「外部」の象徴たる「珠」を人間世界に持ち帰り、人間の管理下に置く、というモチーフを持った物語である。人間社会を乱すモノが出現すると、それと交渉を持つことによって、あるいはモノと戦うことによって、モノが所有するその生命ともいうべき「珠」を手に入れて帰還する。そしてこの「珠」の占有者が「王」となるのである。

日本人は古代から、こうした「珠取り」をめぐるさまざまな物語を語り伝えてきた。とりわけ王権説話がこの物語を好んだ。というのは、王権は「外部」を排除しつつ、「外部」を占有しようとしたからである。「外部」の侵入を排除することが王権の使命であり、そのために王権は絶えず「外部」の象徴たる「珠」を奪い取り、その手中に収めなければならなかったのである。

ところで、「珠取り」説話を王権説話として位置づけつつ論じたのは、阿部泰郎であった。彼は主として「『大織冠』の成立」と「宝珠と王権」の二論文(1)において、王権と珠の関係をまことに詳細に吟味している。阿部は、古代から中世までの「珠取り」説話を博捜し、「珠」を所有する者こそが地上の「王」としての資格を持つとする観念があったことを跡づける。

彼は「珠取り」説話の古型にして原型を、彦火火出見《ひこほほでみ》説話に見出している。有名な海幸・山幸の、釣鉤をめぐっての争いの物語である。

彦火火出見尊(山幸)は、失った兄の火闌降尊《ほのすそりのみこと》(海幸)の釣鉤《つりばり》を探し出せず海辺で大いに嘆き悲しんでいると、塩土老翁が通りかかり、尊を「海神の宮」へ導く。尊はその宮殿の井戸で海神の娘の豊玉姫に会い、海神の豊玉彦のもとに案内され、豊玉姫の婿となる。そして地上にもどる時に、失った釣鉤とともに、「潮満瓊《しおみつたま》」と「潮涸瓊《しおひるたま》」という二つの「珠」を海神から贈られる。尊は、この珠の威力で兄を臣従させる。豊玉姫も地上にやって来て、海辺で出産しようとするが、産屋を覗いてはならないという豊玉姫の課したタブーを尊が破ったため、豊玉姫は海中に去って行く。産屋のなかで豊玉姫は、鰐(龍)の姿になっていた。

この話を分析すると、海底の海神の宮は「外部」の「中心」ということになる。したがって、その対極には「内部」の「中心」ともいうべき地上の王の宮殿があることが想定されている。興味深いのは、この「海神の宮」の「王」は豊玉彦といい、その名が示すとおり、豊富なもしくは豊かさをもたらす「珠」の所有者であったことである。彦火火出見尊は、この宮殿から「潮満瓊」と「潮涸瓊」および「豊玉姫」という「珠」を手に入れたことによって、地上の「王」となったのである。

これは記紀神話に見える話であるが、同じ物語を描いた十二世紀制作の『彦火火出見尊絵巻』では、「海神の宮」は「龍宮」となり、「海神」は「龍王」となっている。この変化は、中国から伝来した仏教に見える龍神信仰の影響を受けたことによっているらしい。

同様のことは、浦島太郎説話についてもいえる。三浦佑之によれば、(2)奈良時代の物語では主人公の「浦島子」は「蓬萊山」(神仙)に赴いたことになっているが、後の物語では「龍宮」に行ったと変化する。水界の王は龍王で、その居城は龍宮とする観念が、広く流布することになったのである。浦島太郎も、龍宮から「タマ」をもらってくる。いわゆる「玉手箱」がそれにあたる。そのなかには、本論にしたがえば、「外部」が閉じ込められていたのである。それを当時の人々は、「魂」もしくは「珠」と観念していたわけである。

こうした龍宮・龍神信仰は、やがて珠信仰にも及び、海神の所有する珠は、龍神の所有する宝珠(如意宝珠)へと変化する。つまり、地上の王は龍宮に赴き、龍神の所持する宝珠を持ち帰ってくることによって、「王」としての資格を獲得するということになる。

そのような「王」は、古代にあっては天皇であった。事実、天皇はいわゆる「三種の神器」と呼ばれる玉宝を所持し、そのなかには珠も含まれている。いや、その他の二つの神器も「珠」と置換しうるものであり、「外部」からもたらされたものなのである。そのことは高天の原を下ったスサノオが、出雲国の川上に棲むヤマタノオロチを退治し、その体内から「草薙剣《くさなぎのつるぎ》」を見出し、それをアマテラスに献じたことによく示されている。

しかしながら、中世になると、この「王」にも変化が生じる。すなわち、実質的・世俗的な権力を手中に収めた藤原氏の権威を神話的・儀礼的に支える物語として、この「珠取り」説話のヴァージョンが語り出されることになる。その典型例ともいうべき話が、大織冠鎌足《たいしょくかんかまたり》説話であった。そのヴァージョンの一つ、幸若舞「大織冠」の内容は、次のようなものである。

大織官藤原鎌足は栄達の極みに至り、宿願の興福寺金堂建立を思い立つ。彼の娘紅《こう》白女《はくにょ》は、並びなき美女との風聞があり、はるか大唐の皇帝より求婚される。姫はやがて輿入れして皇帝の后となるが、父の建立せんとする金堂のために、「無下宝珠」を送ろうとする。数々の宝物とともに宝珠を船で日本に送る途中、龍王たちがこれを知り、房前の浦の沖で、宝珠を海中に奪い去る。これを聞いた鎌足は深く嘆き、身をやつして房前の浦に赴き、そこで水練巧みな若い海女を見出し、夫婦の契りを結ぶ。そして三年、若君をもうけるが、このとき鎌足は身分を明かし、妻の海女に、龍王に奪われた宝珠の行方を探して欲しいと頼む。海女はその宝珠が龍宮にあることを突き止める。鎌足が海上で舞楽を催し、それに誘われて龍王がやって来たすきを狙って海女は龍宮から宝珠を奪い取るが、気づいた大蛇が後を追ってきて、海女の足を喰いちぎる。海女は亡くなるが、その胸に傷口があってそのなかに宝珠が隠されているのを知る。この宝珠は興福寺金堂の本尊の眉間に納まっている。

こうした説話の本質を論じて、阿部泰郎は次のように説く。(3)「この珠は、叙事の表面では、宝物を得たり敵を溺れさせたりする魔法の道具にすぎないが、物語全体から見るならば、王権を獲得し、保証し、そして意味あらしむる神器（レガリア）であろう。あるいは、珠は汎世界的に万物を産み出す豊穣と生成の象徴であり、また海、つまり水界の象徴であり、地上界と水界との交流ということの象徴であり、このきわめて古く根源的な物語そのものの象徴として機能している」。

たしかにその通りなのであるが、ここでの議論にひきつけていうならば、この宝珠とは「外部」の象徴ということになる。「王」としての藤原（鎌足）は、この宝珠を龍王から奪い取ったことで「王」としての資格を得たのである。したがって、この宝珠が再び龍王に奪い去られれば、「王」の権威は失墜することになろう。それは具体的には天変地異の発生や、人心の乱れという形で現われてくると推測しうるであろう。

もし、この世界にたった一つの珠しかなければ、「王」と龍王はその珠をめぐって、奪い合いをくり返すことになる。「王権」の確立と補強は、奪われた珠の回復として描き出されることになろう。しかしながら、日本文化は一つの珠の変転を描き続けようとはせず、たくさんの別の「珠取り」の物語を創造し、次々にそうした新しい「珠」を形象化したのであった。

以下で考察する酒呑童子説話も、こうした古代から中世にかけて制作された「珠取り」の物語のバリエーションの一つであったと推測される。

中世王権説話としての酒呑童子説話

中世の王権説話にもさまざまなバリエーションがあるが、ここでいう王権説話とは、国家の「中心」に位置する王権が、「外部」を専有することを語り示しているような説話を意味している。

こうした規定をふまえつつ、中世の説話を眺め渡したときに浮かび上がってくるのは、王権説話としてほとんど理解されることがなかった、いわゆる「お伽草子」と総称されている説話群に含まれている「妖怪退治譚」である。

お伽草子系「妖怪退治譚」にもいろいろある。ここでは主として、源頼光たちが退治したという、大江山の酒呑童子と呼ばれる鬼たちをめぐる説話を取り上げて考察を進めるが、補足する意味で、三国伝来の妖狐《ようこ》玉藻前《たまものまえ》と鈴鹿山の鬼大嶽丸《おおたけまる》退治の二つの説話にも言及することにする。

大江山酒呑童子説話は多くの伝本を持つが、ここでは最も古い南北朝期もしくは室町初期の制作とされる逸翁《いつおう》美術館蔵『大江山酒天童子（古絵巻）』（『大江山絵詞』とも称される）によりながら、その内容の紹介と分析を行なっていこう。この絵巻には欠落・錯簡が見られるので、高橋昌明による復元案[4]に以下従うことにする。また、高橋はこの酒呑童子絵巻について、とても詳細な考察をも試みている。以下の考察も、高橋の考察をふまえたものである。

王土への鬼の出現

物語は、一条天皇の時代には人材が輩出したことを賞揚することから、語り始められる。

正暦《しょうりゃく》年中（九九〇〜九九五）より、都鄙《とひ》遠近の貴賤男女の行方不明事件が多発する。暴風・雷雨とともに、若殿上人、姫君、北方、女童部が数多行方知れずとなる。帝は、これは天魔の仕業ではないかと嘆き、貴僧・高僧の験力や霊仏・霊社の加護によって、この災厄を防ごうとするが効果がなかった。この頃、安倍晴明という陰陽・卜筮《ぜい》の術の達人がいた。これを召して占わせたところ、帝都の西北の方角に大江山という山があり、行方不明事件の多発はそこに棲む鬼王の所行である。このまま手をこまねいていたら、上下・諸国の人民みな危ないという。

これを聞いた公卿たちは、ただちに僉議《せんぎ》し、致頼《むねより》・頼信・維衡《これひら》・保昌の四人の武将を召し、鬼王の追捕を命じるが、四将は天魔鬼神相手の合戦は力及び難しと辞退する。

そこで、閑院の中納言が、このような変化の者も王土にいる以上、天皇のお気持ちに従わないでいられようか、頼光と保昌の二将を派遣したらどうかと提案する。諸卿も賛成し、摂津守源頼光と丹後守藤原（平井）保昌に、鬼王追捕を改めて命じる。

をしづむべし」。

「我朝の天下の大事、これに過べからず。各、武勇の志をはげまして、速に凶害の輩

妻子らと別れを惜しみつつ、頼むは氏神・氏寺ということで、頼光は八幡三所・日吉山王、保昌は熊野三所・住吉明神に参って加護を祈念する。帝は近国の武士数万騎を動員して両将に差し添えたが、朝敵を討つのに必ずしも勢の多きによらないと、頼光は渡辺綱・坂田公時・碓井貞光・卜部季武の四人、保昌は太宰少監ただ一人を連れて追捕に向かう。頼光は従者に龍頭の兜を持たせた。宣旨を受けた頼光たちは、郎党たちに見送られながら、長徳元年（九九五）十一月一日、京の都を大江山目ざして出陣する。

物語はこうして始まったわけであるが、ここまでの記述によっても、この物語が「外部」（異界）と「内部」（人間世界）との交渉を描き出している「王権」の説話であることがわかる。いまこれを整理しつつ見てみると、私たちがいう「内部」に相当するのが、「王土」とも「我朝」とも表現されている国家であって、この国家はもちろん階層化され、その頂点つまり「中心」に「帝」がいるわけである。そしてこの帝がいるところが、空間的にいえば京の都の内裏（王宮）なのである。

この帝の支配する王土には、「外部」は存在しないし、してはならない。「外部」が存在するところは、もはや王土ではない。ところが、「外部」が王土を侵し出したのであ

る。「鬼王」の出没である。いまや王土が危機にさらされている。そこで、侵入してきた「外部」を王土から排除するために、帝に代わって、頼光たちが大江山に向かうことになったのである。

こうした「王土」と「鬼」の関係についての観念をよく示しているのが、古くは『太平記』に見える、鬼の首領藤原千方を退治した紀朝雄が詠んだ「草も木も我が大君の国なればいづくぞ鬼の棲《すみか》なるべし」という歌である。実際、逸翁美術館本にははっきりとした影響は見えないが、大江山酒呑童子説話のいくつかのヴァージョンには、明らかに千方説話の影響が現われている。たとえば、赤木文庫旧蔵『酒呑童子（伊吹山）』では、「土も木も我が大君の国なればいづくか鬼の宿とさだめん」という歌を巫女《みこ》に歌わせる場面がある。

ところで、物語は鬼たちが京に出没し人民をさらっていくことで、帝の王土が乱されたと判断している。とすると、もし鬼たちが大江山に閉じ籠もって生活していたならば、王土は乱されたとは考えなかったのではあるまいか。

もしそうだとすると、大江山は王土の「外部」ということになる。しかし、大江山も王土の一部とされていたとしたら、鬼が大江山に棲むことそれ自体が「王土」侵犯ということになる。いずれともいまは判断しえないが、物語を読み進むにつれ、その答も次第に明らかになってくるであろう。

物語を続けよう。

王土の周縁に至る

大江山に発向した頼光一行は、険しい山々に尋ね入って日を重ねるが、酒呑童子たちの姿を見出すことができない。なお行くと、ある山の洞に、老翁・老山伏・老僧・若僧の四人がいるのを見つける。一行は変化のものかと色めきたつが、「私たちは鬼王のために子供や同行者、弟子、師匠を失った者で、両将が宣旨を賜わって鬼王を退治に向かったことを聞き、お供したいと思って酒肴などを用意して、こうして待っていた」と語る。

頼光たちは警戒をゆるめ、飯酒をとり、鬼たちの棲《す》む鬼が城を捜し出す相談をする。老翁が頼光たちに、「その姿で鬼が城を訪れるのは難しい。姿を変えた方がいい」と言って、唐櫃《からびつ》から山伏装束と笈《おい》を取り出して与える。甲冑《かっちゅう》・酒肴《しゅこう》を笈に入れ、ここまで連れてきた従者に馬を預けて都に帰らせ、さらに山中深く山伏姿に身をやつして分け入って行く。

都を出発して鬼が城へ至る道中でのエピソードを描くこの部分で、注意すべきことは三つある。一つは、この四人の者は何者なのかということである。この答はやがて明らかになるが、ここでその答を先取りして明らかにすると、老翁は住吉明神、老山伏は熊野（那智）権現、老僧は八幡菩薩、若僧は日吉山王権現であって、頼光たちの鬼退治を援助するために化現したのであった。これらの神仏は「鎮護国家」の霊神・霊仏であって、「国家」を武力で守護する武士と同様、霊力で守護する役割を担っているのである。

もう一つは、鬼が城を訪れるために、頼光たちが山伏に身をやつしたことである。山伏は鬼ではない。人間世界の山岳修行者である。「内部」に属する存在である。しかしながら、山伏は身分的にも空間論的にも、「内部」の周縁に位置づけられており、ときには「内部」から「外部」へと逸脱してしまうこともあった。つまり山伏は「内部」の存在でありつつも、「外部性」をも合わせ持った存在であった。逆に酒呑童子の方から見ると、山伏はどのような存在であったのか。

山伏は人間世界の住人であり、鬼ではない。鬼たちの「内部」にとっては、「外部」に属しているわけである。しかしながら、山伏のなかには、「外部」としての人間世界から逸脱して「鬼」になってしまうような者もいた。また空間論的に見ても、山岳を活動の一大拠点としていたので、同じ山中奥深くに棲む鬼たちの領域に紛れ込んでくる山伏もいたのである。つまり、山伏は人間世界から生み出された、人間世界と鬼の世界とを往来することのできる境界的存在であった。このために、山伏に身をやつせば、鬼が城に入れるかもしれない、と老翁（住吉明神）がアドバイスしたのである。

三番目の留意点は、まだこの場面の山中は鬼の気配が少しも感じられないところ、つまり王土の一部であった。たしかに都から遠く離れた王土の周縁ではあったが、「外部」

ではないのである。だからこそ、従者もここまでついてきたともいえよう。では、「内部」と「外部」の接点「ウチ」と「ソト」を画する境界は、どこにあるのであろうか。物語自体のなかにその答は用意されている。

人間の世界と鬼の世界の境界に至る

再び物語を続けることにしよう。

頼光一行はやがて、川辺で血のついた衣を洗濯する老女に出会う。鬼王にさらわれてきたが、身分の賤《いや》しい女であったので、骨こわく筋かたしとして好まれなかったために食べられることもなく、洗濯女として二百余年の年月を重ねたという。老女は、「ここははるかに人里（人間《じんかん》）を離れたところである。すぐ帰りなさい」という。頼光が「人里を離れたとはどういうことか」と問い直すと、「あなた方が越えてきた岩穴よりこちらを〈鬼隠しの里〉と呼ぶ」と答える。

この老女の話からわかるように、人間世界（王土）と鬼の世界（鬼隠しの里）の境界は「岩穴」であった。頼光たちは山中奥深くにある岩穴をくぐり抜けることで、人間世界から鬼の世界へ、つまり「外部」へと入り込んだのである。逸翁美術館蔵の絵巻の復元を試みた高橋昌明は、右の詞書の前に、一行が岩穴を抜ける場面を描いた絵があった

大江山山中、神仏の援助を得て、鬼が城に通じる岩穴にたどりついた頼光一行（『酒天童子絵巻』国際日本文化研究センター蔵）

はずだと推測している。サントリー美術館蔵『酒伝童子絵巻』では、長さ一二、三町（一町は約一〇九メートル）の岩穴を抜けたと記され、岩穴に入ろうとしている一行の姿を描いた場面がある。たしかに頼光一行は、岩穴を抜けて「鬼隠しの里」に足をふみ入れたのである。

物語の冒頭部の分析において、鬼が棲む大江山は「王土」に属するかどうかという疑問を呈しておいたが、ここに至ってその答がある程度明らかになったといっていいかと思う。大江山の山中の岩穴のこちら（人里）側は王土であった。そして岩穴のあちら側は鬼隠しの里、つまり人間にとっての「外部」であったのである。鬼隠しの里には王権の力は及ばず、鬼たちが数百年にわたって生活をしていた。つまり、鬼の「王国」が存在していたのである。その王国の頂点に立つのが「鬼王」酒呑童子であり、その居城が鬼が城であった。

ここから、次のような対比関係を指摘しうるであろう。

内部——天皇（一条帝）——内裏（都）——王土（都）
外部——鬼王（酒呑童子）——鬼が城——鬼隠しの里

もっとも、酒呑童子が大江山の奥の鬼隠しの里に棲みつき、ときどき人間世界に出かけて人をさらっていたものの、それが酒呑童子の仕業とは気づかれなかった。このため、長きにわたって鬼隠しの里の存在が、都の人々に気づかれなかったのである。その間は、酒呑童子の里は「大君の国」にとっての「外部」だという認識さえもなかった。鬼隠しの里が「外部」として認識されたのは、酒呑童子たちが都に出没するようになった、まさにその時である。

鬼たちが都に出没しているのを知った天皇は、この「外部」に対して、次の二つの対処方法でもって臨むことができたと考えられる。一つはここで展開しているように、退治することである。これは鬼隠しの里を、王土のなかに組み入れることである。鬼隠しの里が王土に組み入れられれば、もはや頼光一行がくぐった岩穴は「ウチ」と「ソト」の境界ではない。そこがどこにあるかはまだわからないが、新たな「外部」が出現しなければわからない。どこかに別の「鬼隠しの里」が存在しているのかもしれないが、そこに閉じ籠もっている鬼たちがいたとしても、それは天皇を頂点とする国家＝「内部」にとってはまったく未知のことに属している。

もうひとつの対処法は、境界の岩穴を塞いでしまって、往来を不可能にしてしまうことである。人間世界と鬼の世界の交渉を断ってしまう、つまり鬼を「鬼隠しの里」に封じ込めてしまうというわけである。鬼はそこに棲み続けることになるが、交渉が絶えたことで、「内部」にとっての「外部」という性格は消え失せてしまう。「外部」とは、「内部」との間になんらかの交渉があるがゆえに、「外部」なのである。

ところで、この「鬼隠しの里」と「王土」との間の違いとして、時間の流れの違いが挙げられている。王土＝人間世界では、どんなに長生きしても百歳くらいまでしか生きられない。ところが、鬼隠しの里＝鬼の世界では、人間世界の時間でいえば二百余歳まで軽々と生きられるのである。別の言い方をすれば、鬼隠しの里では、時間がゆっくりと流れているということになる。この時間の流れは、浦島太郎が訪れたという海底の龍宮世界の時間の流れ方によく似ている。浦島太郎伝説によれば、龍宮の数年が地上の数十年、もしくは数百年に相当する。龍宮世界も鬼の世界と同様、時間はゆっくりと流れている。

高橋昌明は、この川で洗濯する老女に関して、以下のようにまことに興味深い解釈を行なっている(5)。「地獄に通じる川としての三途の川が、日本に知られるようになったのは、平安中期だとされているが、それを述べる『地蔵菩薩発心因縁十王経』に、三途の川には奪衣婆と懸衣翁という老人の男女の鬼がいて、奪衣婆は亡者の衣をはぎ、懸衣翁は衣を木の枝にかけるとある。老婆が奪衣婆、川が三途の川と念頭に置いて造形されていることは疑いない」。

とすると、頼光たちが赴こうとしている鬼が城は、大江山の山奥であるとともに、地獄の閻魔王宮でもあるということになる。つまり、岩穴の向こう側とこちら側では、時間および空間に質的違いが存在しているのである。まぎれもなく鬼隠しの里は、「異界」なのである。

老女の話す鬼王の様子

さて、物語のほうにもどろう。保昌はこの老女に、鬼が城とその主人である酒呑童子の様子を尋ねると、次のような答が返ってきた。

鬼王の城は八足門を立てて「酒呑童子」の額が掛かっているといいます。亭主（主人）の鬼王は仮に童子の姿に変じており、酒を愛し、内裏・都から貴賤・上下の人たちをさらってきて包丁で料理して食べます。しかし、最近は、都で安倍晴明という者が泰山府君の祭を行なっているため、式神や護法が厳重に都を警固していて侵入できず、手ぶらでもどってまいりますので、目を怒らせ、胸を叩き、歯をくいしばって悔しさをこらえています。また、気の向いた時には、笛を吹いて遊んだりもします。不思議なことは、天台の座主慈恵大師の弟子で、御堂入道（藤原道長）の御子である幼き子（稚児）をさらって鉄石の牢に押し込めましたが、児が余念なく法華経を読んでいるため、諸天善神が集まってきてこの児を守護し、鬼たちも手を出せないでいることです。

この老女の言葉も、無視できない重要な情報を含んでいる。鬼が城が地獄の閻魔王宮を思わせることはすでに述べたが、それを補強するのが、さらってきた人間を包丁で料理するという老女の発言である。鬼が人を食べるのは『出雲国風土記』に見えており、古くからの属性といえるが、包丁で料理するというイメージは、『北野天神縁起』や『地獄草紙』に描かれている焦熱地獄において、包丁と俎《まないた》などで人間を料理する地獄の獄卒としての鬼のイメージをふまえて造形されていると推測されるのである。サントリー美術館本では、酒呑童子たちを欺くため、鬼に代わって、頼光が包丁と俎で人間を料理するのを描いた場面がある。

とくに注目したいもう一つの点は、安倍晴明の泰山府君祭である。泰山府君祭は陰陽道の最も重要な儀礼で、冥界の王を祀る中国の儀礼を移入したこの儀礼は、国家の中核に位置する人々が病気になったり、国家が破壊される危険のあるような事件が発生した時に執り行なわれたものである。そうした災厄を除去し、本来の秩序を回復する治療のメカニズムは、ここで見られるように、陰陽師の操る式神によって、災厄の形象化した鬼を追い払うという形をとっていた。

すなわち、安倍晴明はこの物語のなかで、物語の冒頭に見られたように、たんに都人の行方不明事件の原因を大江山の鬼の仕業だと占い判じただけではなく、さらに泰山府君祭を執り行なうことで、京の都に鬼たちが侵入することができないような呪的垣根を設けていたのである。ということは、京の都が帝の支配する王土のなかでも、とりわけ重要な「内部」であることを示唆しているわけである。別の言い方をすれば、鬼の侵入によって乱された「内部」の秩序が、安倍晴明の儀礼によって都から鬼を追放することによって、再構築されたということになる。つまり、この物語では「内部」が乱された時に、帝がこれに対処する方法として私が挙げた「退治」と「追放」の二つの方法の、いずれもが行なわれていたわけである。

こうした陰陽道・陰陽師のパワーと並んで挙げられているのが、護国の仏教である天台密教のパワーである。そのことを語り示すのが、さらわれた道長の息子を諸仏善神が守護しているという記述である。道長の息子である叡山の稚児がさらわれるということは、「内部」が深刻な打撃を受けたことを物語る。しかし、その災厄を防ぐために諸仏善神が登場したのである。

これを整理して述べると、「外部」の発生によって脅かされている「内部」は、その「内部」を守るために武士と陰陽師が動員され、かつ霊的存在についていえば、武士の守護神仏や天台密教の神仏、そして式神が活動している、ということになる。これは中世王権神話に見られる王権の危機とその除去のあり方を、まことによく示している例といってよいであろう。中世の都の人々は、王権はそのようにして守られている、と想像していたのである。

酒呑童子が語る身の上話

考察を押し進めることで、徐々に中世王権のイメージが明らかになってきた。さらに物語の考察を進めよう。

老女の言葉に従って少し登ると、たしかに立派な八足の門があり、四方の山は瑠璃のごとく、地は水精の砂をまいたようである。これを見て、一行はこの世ならぬ別天地に来た思いになった。頼光一行は、道に迷った山伏を名乗り、背丈一丈（約三メートル）ほどの大きな童子に宿を乞う。童子は「惣門の際の廊に入れ」と女房に案内させる。女房は案内する途中、「ここに来た者は生きて帰れません。私は過ぎし秋の頃に、さらわれてきた土御門の内府藤原宗成の娘です」と身分を打ち明ける。しばらくして美しい女房たちが酒肴を持って現われる。そのもてなしぶりは「張文成といひし人が、仙窟にいたりて、神女にあひなれけんも、かくや有けん」と思うほどであった。やがて、童子が現われる。その言葉遣いや様子は、まことに尊く知恵深げである。童子は頼光たちに、「どこからどこへ行く修行者でありますか」などと尋ね、次第に打ち解けて自分の身の上話を語り出す。

「私はもと平野（比良野）山を私領としていたが、伝教大師（最澄）がやって来て根本中堂を建てて私を追い払おうとした。私はこれに抵抗したのだが、結界を封じられたので力及ばず、その代わりに大師から近江のかが山を与えてもらった。しかし、この地も桓武天皇の勅使に追い出された。その後、住むべきところも定まらず、あちらこちらをさまよいつつ、時々は怨念《おんねん》に任せて大風・旱魃《かんばつ》を起こし、国土に仇《あだ》をなして、心を慰めてきた。この大江山には、仁明天皇の嘉祥《かしよう》二年（八四九）から住んでいる。

このような賢王の時代こそ、私たちの威力も発揮できる」と述懐する。

互いに盃を交わしているうちに、童子は酔い始め、老翁の笈のなかから山伏の飲む酒だというものを取り出して童子に勧める。その酒の効果あって、やがて童子は酔いつぶれ、自室に戻って眠ってしまう。

これまでの考察で、鬼隠しの里が、地獄のイメージを持っていることを見たわけであるが、さらに頼光一行に対するこの鬼が城でのもてなしぶりから、中国の小説に描かれている「遊仙窟」をイメージさせるとともに、「仙界」つまり「桃源郷」のイメージもまた合わせ持っていることがわかる。高橋昌明もこれに言及して、次のように述べる。(6)「瑠璃《るり》や水晶が、門や砂を修飾する語として登場するのは仙境の常である。また鬼が城内は、四方四季を一時に見ることができる場所として描かれている。四方に四季を配する描写こそ、市古貞次・三谷栄一両氏が豊富な事例をあげて説いたごとく、中世日本の仙境の常套表現だった」。

さらに高橋は、「冥界《めいかい》と仙境の統一としての鬼が城を、一口で形容するならば、龍宮こそ最もふさわしい」という。すなわち、中世日本では、龍宮は海中のみならず滝壺の底や山中の洞窟の奥、また地下にあったり、死後の世界であったりとさまざまな形をとって描かれたのである。鬼が城も、そうした龍宮のイメージを合わせ持っているというわけである。この指摘は、のちに再び採り上げるように、きわめて重要である。とくに

「内部」の中心が、「外部」を占有するという王権神話のあり方を中世説話に見るときの、大きな手がかりを与えるイメージといえるであろう。

酒呑童子の身の上話も、「内部」と「外部」のダイナミックな相互関係をよく物語っている。その象徴的な言葉として、「賢王、賢人の代にあふ時は、我等が通力も侍るなり」を挙げることができる。この表現は一見したところ、矛盾した表現にも聞こえる。立派な王や人物がいる時代は、むしろ鬼たちの力が衰退した時ではないのか。たしかにそのとおりである。鬼たちは敗走することになり、果ては退治されるであろう。しかしながら、敗走し退治されるためには、鬼が「王土」を侵犯し悪行を重ねてくれなければならない。鬼の力が衰微していたのでは、賢王・賢人は力を発揮しえない。鬼を退治することができないのである。したがって賢王・賢人を語る説話は、賢王・賢人の偉業をたたえるために、鬼の復活と退治を語らねばならない。

伝教大師は酒呑童子を比叡山から追放し、桓武天皇は近江のかが山から酒呑童子を追放した。それゆえに、彼らは賢王・賢人なのである。賢王はその権力の強さを誇り、かつそれを強化するために、皮肉にも権力の危機を語らねばならず、その危機を克服したことを語らねばならない。こうして、酒呑童子は、賢王・賢人の時代にエネルギーをその身体にみなぎらせ、「内部」へと侵入してくるわけであった。それも結局は、追放もしくは退治されるために。この説話を王権説話と読み解くためのカギの一つは、このあたりにあると見てよいと思う。

酒呑童子の最期

さて、物語はいよいよクライマックスに入る。

日暮れになって、酒呑童子の家来の鬼たちが美しい女房に変じて頼光のところにやってくるが、頼光がにらみつけると恐れをなして逃げ去ってしまう。その後まもなく黒雲たち下り、あたりは闇夜のようになった。血なまぐさい風が吹き荒れ、振動・雷電激しいなか、多数の変化のものが田楽をしながら通り過ぎる。だが、これらのものも、頼光の眼差しに恐れをなして逃げ散ってしまう。

頼光と保昌は、老翁より与えられた蓑帽子（隠れ蓑《みの》）で姿を見えなくして、四方四季の風雅な景色の城内を偵察し、牢の位置などを調べたのち、武具、甲冑に身を固め、童子の寝所に向けて出陣する。童子の寝所に乱入すると、童子は昼は童子の姿に変じているが、夜になると本体を現わして、長五丈、五体は五色のまだら、目は十五、角五本という奇怪な鬼の姿になる。頼光たちは、その姿のすさまじさに一瞬たじろぐが、力を合わせて首を切り落とす。鬼王の首は天に飛び上がって叫び回り、綱と公時の二人の兜《かぶと》まで重ねた三重の兜に喰いつくが、その鬼の目をくり抜いて、ついに鬼王の首は死ぬ。上にかぶった二つの兜は、ものの見事に喰い破られていた。

絵巻を見る者にとってもっとも面白いのは、この鬼王との合戦の場面であろう。この場面で注目しておきたいのは、切り落とされた鬼王の首が、頼光の兜に喰いついた場面である。これは鬼王の首と、頼光の首との戦いと見ることができる。というのは、頼光の兜は「龍頭」であったとされているからである。頼光の首は龍の首にたとえられているのである。では、鬼の首はどうであろうか。実は、この鬼王の首もまた「龍の首」であった。すでに述べたように、鬼が城は龍宮のイメージを合わせ持っていた。とすれば、鬼王は「龍王」のイメージを持っていたといえるからである。高橋昌明は、頼光の首についてはなにも述べていないが、鬼王の首については「龍王の首」のイメージを持つことを指摘している[7]。ここでの考察でとくに注目したいのは、この鬼王の首である。この鬼王の首について、物語は次のような興味深い後始末の仕方を語っている。

この点に注意しつつ、頼光一行の凱旋の模様を見てみよう。

頼光一行は、退治した鬼たちを火葬にするとともに、鬼の通力が失せたために亡くなってしまった洗濯老女を葬ったあと、大江山の麓までもどって来た時、案内役をかって出てくれた四人の客人と別れる。別れの際に、頼光は水精の念珠と兜を交換する。さらわれてきた人々を自分の家に送り帰したあと、両将は従者を呼び寄せ、鬼王の首を携えて都に凱旋する。大路を渡る行列と、天皇・上皇以下の貴賤《きせん》・上下の人々がこれを見物する。そして宣旨によって鬼王の首を宇治の宝蔵に納めた。この鬼退治によ

本性を現した酒吞童子（『酒天童子絵巻』国際日本文化研究センター蔵）

って、頼光は東夷《とうい》大将軍、保昌は西夷大将軍になった。

さて、頼光は今度の手柄は氏神の八幡宮の加護によるものと、お礼参りに出かけたところ、宝殿に龍頭の兜が納まっていた。神の霊感に畏れ入った頼光は、また水精の念珠を宝殿に納めた。

こうして、酒呑童子退治の物語は終わりを迎える。逸翁美術館本は、鬼たちにさらわれてきた唐人を九州から送り出すところで終わっている。

ここでまことに興味深く思うのは、すでに指摘したように、酒呑童子の首についてである。斬り落とされた鬼の首は、火葬にされることなく都まで運ばれ、天皇・上皇の叡《えい》覧《らん》があったのちに、宣旨によって宇治の宝蔵に納められたということである。では、なぜ首は宇治の宝蔵に納められることになったのであろうか。

高橋昌明は、それを次のように解いている。

都にめでたく凱旋した後、童子の首を宇治の宝蔵におさめたという逸本（引用者注——逸翁美術館本）の結び近くのくだりも、龍神・龍宮の関連で読むことができる。十四世紀前半成立の延暦寺関係の仏書である『渓嵐拾葉集』に、「宇治を以て龍宮と習わす事」という一節があり、そこには次のような古老の言葉が載せられている（巻九二）。宇治殿（平等院を建てた関白藤原頼通）は龍神となって宇治川に住んだ。宇治の宝蔵は、最上の重宝をことごとく収めた日本一の宝蔵で、たとえ余所の重宝が散失することがあっても、ここばかりはいまだ紛失したことがない。それは宇治殿が、大龍となって毎夜丑の刻河中より出現し、宝蔵を巡見するからであると。

酒呑童子の首は、龍宮の地で、龍に厳重に守られた宝蔵に収められるべきもの、と考えられていたわけである。首を龍王の首と見てこそ、宇治の宝蔵が封じ込めまた永遠の安息の場所に使われた意味も得心ゆくだろう。なお、周知のように宇治殿頼通は藤原道長の長男である。逸本に、鬼が城にさらわれ人として道長の御子がいたとあることも、頼通は宇治川の龍神という伝承との関連で、理解されるべきかもしれない。

おそらく、これは酒呑童子の首とその収納先である宇治の宝蔵の関係について言及したものとしては唯一のものであろう。もっとも、ここで示されている見解は、この物語を古代から中世にいたる王権説話としての「珠取り」説話の流れのなかに位置づけて理解しようとすると、「当たらずとも遠からず」といった印象を受けずにはいられない。

酒呑童子の首

逸翁美術館本によりながら、酒呑童子説話の内容の紹介と、必要最低限の考察を行なうことを通じて、この説話が中世の王権説話としての性格を色濃く持っていることが、かなりはっきりと浮かび上がってきたと思われる。

そこで以下では、これまでの考察をふまえつつ、酒呑童子の首は何を意味するのかという点に焦点を絞って議論を進めていこう。

まず確認しておかなければならないことがある。右で見てきた逸翁美術館蔵のテキストには、「鬼王の頸といひ、将軍の気色といひ、誠に耳目を驚かしけり。事の由を奏しければ、不思議の由、宣下有りて、彼頸をば、宇治の宝蔵にぞ、納られける」と記されているが、多くの伝本を持つ酒呑童子説話であるが、意外にも、最も古いとされるこの逸翁美術館本以外に、管見の限りでは、酒呑童子の首を宇治の宝蔵に納めたとする記述を持つテキストがない。ということは、逸翁美術館本に見える酒呑童子の首を宇治の宝蔵に納めるというエピソードは孤立したエピソードであって、その後の酒呑童子説話の諸本にあってはあまり重要ではないものとして、無視され切り捨てられてしまったということになる。しかし、逆の言い方をすれば、南北朝期においては、このエピソードはきわめて重要な意味を帯びていたとも見なせるわけである。

酒呑童子の首の、その後の処理について気になる記述が見えるものに、『大江山酒典童子』(麻生太賀吉氏蔵)がある。これによると、酒呑童子の首を携えて凱旋してきた頼光一行は、桂川のほとりで待機し、やってきた勅使が「帝の叡覧あるべし」と、その首を絵に写しとったのち、「鬼のくびをば、ことごとくはひにやき、かつら川へながして、安倍の晴明、うけたまはり、はらひのまつりをとりをこなふ」とある。すなわち、京に運ばれた首をどのように処分したのかと問われた時、一つは宇治の宝蔵へ納めたと語り、もしくは川に祓い流したと語るという二つの語り方があったことになる。そしてこの二つの語りは、「外部」の象徴に対する対処の仕方の二つの方式、つまり神話的位相での語り方と儀礼的位相での語り方に対応するといってよいであろう。

ところで、他の酒呑童子説話諸本には、鬼の首が宝蔵に納められたことを語るエピソードはないが、注目すべきことに、同様のエピソードがお伽草子『田村の草子』に見えている。『田村の草子』にもいくつかの伝本があるが、その概略は、次のとおりである。

藤原俊重将軍の子俊祐は、嵯峨で美女に変じた益田が池の大蛇と契る。大蛇の女はまもなく懐妊し、三年を経て日龍丸を生む。だが、出産の場を見ることを禁止したにもかかわらず、俊祐が覗き見たために、夫や子の将来を予言して大蛇は姿を消す。大蛇の予言通り、日龍丸は三歳の時に父と死別し、七歳のとき近江国の二匹の大蛇を退治して俊仁将軍と名乗る。俊仁は美しい照日前と結婚するが、これを妬んだ帝に照日を召し上げられ、彼は伊豆に流される。

俊仁は都を離れる時、退治した二匹の大蛇の魂魄《こんぱく》に呼びかけ、都を荒させる。困った帝は俊仁を赦し、大蛇は退散する。ある時、妻の照日が陸奥の悪路王に誘拐される。俊仁は悪路王を退治するために陸奥に向かい、途中で賤の女と契りを交わす。その後、俊仁は唐土に遠征して明州で戦死するが、賤の女が俊仁との間に生んだふせり丸が上京し、父の跡を継いで俊宗と名乗る。俊宗は奈良坂山の、りょうせん坊という妖怪を退治する。
二年ほどした時、また帝から鈴鹿山に棲む鬼神大嶽丸を退治せよとの勅命を受ける。鈴鹿山に至った俊宗は、大嶽丸を攻めあぐんで諸天に祈ると、翁が現われ、この山に住む天女の鈴鹿御前に援助を求めよと教える。鈴鹿御前と夫婦になった俊宗は、妻の援助を得て、大嶽丸を討つ。ついで近江国のあかしの高丸を退治せよとの勅命が下り、これを追って日本と唐の潮境でこれを亡ぼす。やがて、鈴鹿御前の定命はつきるが、彼は冥界に下降し、他人の肉体を借りて鈴鹿御前を再生させる。俊宗は観音の化身、鈴鹿御前は竹生島弁財天の化身である。

田村（藤原）将軍俊祐・俊仁・俊宗の三代にわたる物語であるが、この物語にはいろいろな怪物・鬼神の類が出没し、そして退治される。これらの怪物が退治されたあと、その首や遺骸がどのように処理されたかを見ると、まず俊仁将軍が退治した二匹の大蛇は、「くびをつらぬき、雲にのりて都へ上り給ふ、御門《みかど》ゑいらんましまして、将軍のせんじをうけ、としひと将軍とぞ申ける」とあって、大蛇の首をおそらく槍で突き、その蛇体を空にはためかして凱旋したらしい。その大蛇の遺骸がどうなったかは記されていない。また悪路王という鬼は俊仁に首を落とされて死ぬが、その首のその後についての記述はやはりない。俊宗が退治したりょうせん坊という化物は、生け捕りにされて都に運ばれ、帝の叡覧にあったのち、船岡山で首を斬られ、獄門の前に懸《か》けられたとある。これは合戦で討ち取られた敵将の首や、大罪人の首を獄門に懸けたのと同様であったといえる。

ところが鈴鹿の大嶽丸の場合、物語は次のように、その最後と首の処理について詳しく記している。

（大嶽丸の）首は前に落けるが、其まま天へ舞あがる。鈴鹿御前は御覧じて、此首ただ今おちかかるべし、用心あれとて、よろひ甲を重てき給ふに、一時計有てなり渡り、田村の甲のてへんにくらひ付、俊宗甲をぬぎ御覧ずるに、其まま首は死にける。賤のけんぞく共にはなわをかけ、引上り、皆切てごくもんに懸られる。又大たけ丸が首おば、末代のつたへにとて、うじのほうざうに納め、千頭の大頭と申て、今の世まで も、みこしのさきに渡るは、この大たけ丸が頭なり。

その首が宇治の宝蔵に納められることになる鈴鹿の鬼の首領大嶽丸と、俊宗将軍の戦いの様子は、ほとんど酒呑童子と頼光の戦いと一致する。逸翁美術館本のなかで、頼光たちの酒呑童子退治を賞賛する京の人々の口に「弓箭《きゅうせん》の家に生れ、武勇の道に入て、芸をあらはし、名をあぐる事、勝計するに及ばねども、魔王、鬼神を随ふる事、田村利仁の外は、珍事なり」という言葉がのぼっている。利仁（俊仁）は俊宗の父であるが、この言葉が大嶽丸退治伝承をふまえてのものであることは疑いない。また、田村三代の物語のなかでも、最後に登場する大嶽丸が最強の鬼神―化物として描かれており、そうしたことから判断すると、たくさん退治された鬼たちのなかでも、人々の記憶に鮮烈な印象を残した最も強い鬼神、鬼のなかの鬼こそが、宇治の宝蔵に納められるべきなのだ、と考えていたのではなかろうか。そして中世中期の説話世界では、宇治の宝蔵に納められるほどの価値を持つ鬼は、酒呑童子と大嶽丸の二人のみであったらしい。

もっとも、鬼神の類では酒呑童子と大嶽丸のみであるが、もう一人の妖怪変化がやはり退治されたのち、宇治の宝蔵に納められている。お伽草子『玉藻前』に見える三国伝来の妖狐の遺骸《いがい》である。この妖狐もまた、王権を脅かした凶悪な狐として、広く中世中期から近世にかけて人々に知られていた。その内容をかいつまんで次に紹介する。

久寿元年（一一五四）、いずれともなく鳥羽院の御所に一人の女房が現われる。その美しさはまばゆいばかりで、知恵・学問もあり、弁舌もすぐれ、院の寵愛を得て「化性前」と名づけられる。詩歌管弦の会の折、嵐が起こり燈火を吹き消して暗闇になったが、そのとき化性前の身体から光を放ち、殿中を明るく照らした。これによって名を「玉藻前」と改める。院は玉藻前を恐ろしく思ったが、美しさに惑わされて夫婦の契りを結び、日を送るうちに、院は病を得て日増しに重くなる。

諸卿たちは評定のうえ安倍泰成を召して病の原因を占わせたところ、泰成は玉藻前

那須野で退治された妖狐は、京都の内裏まで運ばれる（『源翁和尚行状縁起』常在院蔵、画像提供：白河市歴史民俗資料館）

のせいであるという。泰成の申すには、下野国の那須野に、八百歳を経た、尾が二つで丈七尺の狐がいて、もとは天羅国の斑足太子をだまして千人の王を殺そうとした塚の神で、仏法を敵として、王法を破壊しようと日本にわたってきたという。諸卿たちはにわかには信じかねていたが、院の病は重くなるばかりなので、泰成に病平癒のための泰山府君祭を行なわせる。

泰成はいやがる玉藻前に、幣取りの役をさせて祈禱を開始する。祈禱なかば、幣を打ち振っていた玉藻前は、突然その場から姿を消してしまう。その後、院の病は次第に快方に向かう。泰成の占い通りであったことを知った院は、上総介、三浦介の二人の東国の武将に那須野の妖狐を退治せよとの院宣《いんぜん》を下す。両将は武芸に励み、神仏の守護を頼んで那須野に赴き、苦心の末に老狐を退治する。

さて、問題の狐の遺骸は、どのように処理されたのかを見てみよう。この玉藻前説話も伝本が多い。このうち、たとえば、根津美術館蔵『玉藻前草紙』（絵巻）は、宇治の宝蔵への収納を語っている。「……件の狐、野より山に向て走上らんとする処を、三浦介弓手ニあひつけて、染羽の鏑矢をもて只一箭《ひとや》ニ射留む、其を取て、夜を日につゐで上洛し、院之叡覧に備たてまつる……其後彼狐をば宇治宝蔵ニ籠められて、今に至るまで是在……」。

もっともこの老狐もまた、酒呑童子の首を焼いたのちに川に祓《はら》い流したとするテキストがあったのと同様、『玉藻の草子』（慶應義塾大学図書館蔵）に見られるように、「狐をば、うつぼ舟にのせて、ながされける」とするものもある。すなわち、この狐の遺骸のその後についても、宇治の宝蔵に納めたと語る場合と、祓い流したとする場合とがあったわけである。

酒呑童子の首、大嶽丸の首、そして那須野の妖狐の遺骸。中世中頃から流布した説話群のなかに描かれた妖怪退治譚のなかで、退治されて宇治の宝蔵に納められたとする妖怪は、この三妖怪である。ということは、中世においてこの三妖怪が、王権を脅やかす強い妖怪変化ということになるはずである。余談になるが、こう見てくると、説話のなかにその名を見出すことはできないが、宮中に出没し、源三位頼政に退治され「うつぼ船」にのせて流し棄てられたという「鵺《ぬえ》」なども、知名度が高いところから考えると、宇治の宝蔵に納めるにふさわしい妖怪変化であったのではなかろうか。

それでは、酒呑童子の首や大嶽丸の首、那須野の狐の遺骸が納められたという「宇治の宝蔵」とは、いかなるところであったのか。なぜ、三妖怪はそこに納められたのであろうか。

まず想起しなければならないのは、すでに検討した、古代から中世にかけて広く流布した王権説話としての「珠（宝珠）取り」説話である。この説話伝承の流れのなかに置いて見ることによって、かなりの部分が読み解けるはずである。

中世になると、龍神と鬼の置き換えが著しく進展する。たとえば龍神（大蛇）について見ると、酒呑童子のヴァージョンの一つである『伊吹童子』に描かれた、八岐大蛇（後に伊吹大明神となり、伊吹童子という鬼を里の玉姫に生ませることになる）が生贄に出された稲田姫を呑み込もうとして出現してくる情景は、「雨風吹きしほり、雷鳴りはためき、大山の崩るるがごとく」であり、また説話『まつら長者』でも、生贄に出されたさよ姫の前に、「にわかに空掻き曇り、雨風激しく、はたた神鳴りしきりにて、さざなみ打って、その丈十丈ばかりの大蛇、水を巻き揚げ、水を蹴立て、紅の舌を振り」つつ出現してくる。

　これに対する鬼神のほうも同様で、お伽草子『羅生門』によると、羅生門に出没する鬼退治に出かけた頼光の家来の渡辺綱が、九条あたりにさしかかった時、「俄に雨降り、黒雲おほひ、今までさやかなる月かき曇り、深夜の如くなりて、行くべき末もおぼえず、帰るべき道も忘れ、前後不覚に見えたり……俄になまぐさき風吹き来り、雨車軸の如く降りければ……羅生門の半に黒雲たなびき、雲のうちそりわたり、千万の雷鳴りひびきて、いまは異形の者眼《まなこ》さい《（へ）》ぎり見えにけり」といった、妖怪出現状況を作り出して立ち現われてくる。そして、酒呑童子たちもまた、「其怨念の催時は、悪心出来て、大風と成り、旱魃となりて、国土にあだをなし」、また本体を現わして出現するときは「黒雲にわかに立くだり、四方は闇夜のごとし、つくさき風、あらくふき、振動、雷電、なゝめならず」という状況を作り出す。こうした出現状況は、のちになると妖怪一般の出現状況となっていくが、もとをたどれば、龍神や鬼神の出現状況として語り出されたものであって、その背景には天候を支配する能力を持った、しかもそれによって人間世界を脅かす神（悪神）についての観念があったと見てよいであろう。すなわち、古代から中世にかけて流布していた、王権を乱す、天候を支配する龍神についての観念の影響を受け、新たに造形されてきた鬼についての観念のなかにもその特徴の一部が継承され、また狐を妖怪とみなす観念にさえも、それが引き継がれたと見るべきかと思う。

その点で興味深いのは、那須野の妖狐である。この狐は龍神の面影をほとんど示さないが、その遺骸のなかから次のような「宝」が出てきたことは大いに注目すべきである。「此狐之腹に金《こがね》の壺有、其中に仏舎利御座《をはします》、是をば院へ進上ス、額に白き玉有、夜をも昼をも照けり、是をば三浦介給て家の重宝とす、尾崎ニ二之針有、一者《ひとつは》白、一者赤シ、上総介給て云々」。

仏舎利と白き珠（宝珠）、そして針、これらは狐が龍神であった時の面影を伝えているとともに、王権にとって不可欠な仏舎利もしくは宝珠を所有する妖怪であったことを物語っている。そして、それらは、まさしく王権にとっての「外部」の象徴にほかならない。

したがって、こうした脈絡から判断すると、酒呑童子の首や大嶽丸の首のなかにも、「白き珠」（宝珠）が籠められていたとも推測しうるわけである。島内景二は、酒呑童子説話を「如意宝」という視点から分析し、酒呑童子の「目玉」を「如意宝珠」と読み解いている。(8) もっとも島内の場合は、所有者に無限の富と幸福をもたらす宝物のたとえとして「如意宝」の話を用いており、つまり土着の概念としてではなく、分析概念として用いているのであるが、注目すべき解釈である。というのは、大蛇が目玉をくり抜いて子供に与え、その目玉の呪力で健やかに成長するという話があり、そこでは龍神の如意宝珠の変形として目玉を見ているからである。酒呑童子が左右の目玉をえぐり取られて死んだという記述は、その目玉が如意宝珠に当たるものと人々に観念されていたのかもしれない。

いずれにしても、酒呑童子の首や大嶽丸の首、那須野の狐の遺骸は、王権を脅かした「外部」の象徴であった。王権はこの「外部」を捕捉し、それを「中心」に運び込んで独占したのである。「外部」はいまや王権の手中にあった。「外部」は「中心」に回収され、「中心」に秘匿されねばならない。いや、上野千鶴子の言に従っていえば、(9) 「外部」としての鬼の首が帝や院の手中に入ったとき、その王権が超越性を持った「中心」として成立(再構築)されたというべきであろう。

なぜ賢王・賢人の時代に、強大な鬼などの妖怪変化(「外部」)が出現するのかというパラドックスは、こうして読み解かれるわけである。賢王とは強大な「外部」と対峙し、それを手中に納めた者である。その「外部」の象徴として語られたのが、古代から中世では海神=龍神の所持する珠(宝珠)であり、酒呑童子の首であり、大嶽丸の首であり、那須野の妖狐の遺骸であった。歴史的コンテクストでいえば、それらの間には影響関係が見られる。しかし、そのような関係はなくともよい。ただ、王権は「外部」の象徴を手中に納めることが重要であったのである。

そうした「外部」が王権によって捕捉されて閉じ込められたところが、象徴論的もしくは「内部・外部」論の立場からいえば、王権の「中心」であった。その「中心」を、中世説話は「宇治の宝蔵」として語ったのである。

宇治の宝蔵、あるいは「内部」の「中心」

では「宇治の宝蔵」とは、どのような空間であったのであろうか。これについて詳細な研究を試みた田中貴子によりつつ[10]、この空間が中世において持っていた意味を見てみよう。

宇治の宝蔵とは、藤原頼通が造営した平等院のことである。厳密にいえば、それに附属する建造物である宝蔵（一切経蔵など）ということになるが、説話世界ではむしろ現実の平等院を基礎にしつつ、中世の人々の想像力のなかに生み出された幻想の建築物であった。

田中貴子は「宇治の宝蔵は、単なる宝物庫という役割を超えて、この世の真善美を収集し秘蔵する理念上の場所と考えられていたのである。従って、宇治の宝蔵は、中世の人々の想像の活動を知るためのキーワードとして捉えることが出来る」と述べる。

この宝蔵では、毎年三月三日を定めて一切経会が行なわれ、その日に開扉される他は、上皇・天皇の御幸や、藤原氏の氏長者が就任後初めて平等院を訪れる「宇治入り」の儀式の日以外は余人の立ち入りが許されなかったという。それというのも、この蔵のなかには、摂関家が収集した貴重な宝物がたくさん収納されていたからである。

こうした現実の宝物群が、やがて〈幻想博物館〉としての宇治の宝蔵のイメージを造形することになる。

宝物は、単に貴重なものというだけでなく、蔵と一対となって呪術的な力を持つものと考えられはじめる。平安後期から始まったとされる「宇治入り」の儀は、蔵を開け宝物を検分することで藤原氏の長者としての権力を確証する呪術的行為であった。こうした儀式の発生した根底には、蔵とその収蔵品とが摂関家の権力を霊力によって保証し保持するものとして、神秘化される現象があると考えられる。十四世紀に宝物庫群が焼亡するまでの段階で、現実の宝蔵・経蔵から〈宇治の宝蔵〉へ移行する下地は整っていたといえよう。

さらに興味深いことに、田中はこの「宇治の宝蔵」の想像力の源泉を龍神・龍宮に見出す。彼女は「〈宇治の宝蔵〉の権威は、これが摂関家の秘宝を集めた特権的な場所であるという点から発生したと思われるが、龍神という超越的な姿形をとった祖霊による守護が特権性をより強調するかたちとなっている」と述べたのち、次のように説く。

夢宮の宝城に宝物（ここでは如意宝珠）が秘蔵されているという点は、〈宇治の宝蔵〉と相似している。……〈宇治の宝蔵〉の想像力の支柱となっている龍宮の宝蔵は……数々の宝物に満ちているが、中でも龍王の権力に関して重要な意味を持つと思われるのが如意宝珠と楽器である。……如意宝珠は龍が顎下に保持し、また宝蔵に秘蔵するという伝えがあった。龍王は、宝珠を帯びることにより、畜生身の苦を逃れることが出来たといわれる。

この如意宝珠は、持主が如意自在の力を発揮することの出来る仏宝であるが、中世では、釈迦の遺書である仏舎利と習合関係を結び、「駄部」と呼ばれ独特の密教の秘法を生むことになる。おそらくは、如意宝珠の秘法は天皇の即位の際に行なわれる即位灌頂とも密接なかかわりを有していたと思われる。

ようするに、「宇治の宝蔵」は、中世の人々の想像世界のなかで、王権を成り立たせるための不可欠な空間として存在し、そこには、田中がリストを掲げているように、現実には存在しなかったさまざまな宝物が収蔵されているという伝承を生み出していったのである。たとえば、『源氏物語』「雲隠六帖」とか、「井手」とか「元興寺」といった琵琶や「水龍」「胡行」といった横笛、等々。そしてそのなかに、那須野の妖狐の遺骸や大嶽丸の首、そして酒呑童子の首もあったわけである。

中世の王権は、「外部」の形象化として描かれた「王国」、つまり龍宮（＝龍王国）の「中心」であるその宝蔵から「如意宝珠」を奪い取り、それを「内部」の「中心」たる「宇治の宝蔵」に運び込んで秘蔵するという神話を所有することで、王権を象徴論的に支えていたというわけである。

もっとも、「宇治の宝蔵」が龍宮と類似していることを、あまり強く意識しない方がよいかもしれない。それを意識するならば、それと同じ程度に、龍宮は「内部」の「中心」に類似しているというべきである。なぜなら、龍宮とは「内部」の幻影に他ならないからである。

最後に、宇治の宝蔵に比肩しうるような宝蔵が、院政期に現実に存在していたことについて述べておこう。その宝蔵は院政期最大の離宮たる鳥羽上皇の院家であった勝光明院の宝蔵である。

この宝蔵を手がかりに、中世王権と如意宝珠＝仏舎利、さらには天皇の即位灌頂まで幅広く吟味した阿部泰郎の考察の一部を引いておくことにする(11)。

中世を通じて、この宝蔵には珍貴な品々が襲蔵された。そのうち最も著名なものに、大師自筆と伝えられる僧形八幡神御影がある。もと神護寺に伝来した真言宗全体にとっての守護神的存在であった。これが鳥羽法皇に献ぜられて永く宝蔵の重宝とされ、東大寺再建の際に鎮守手向山八幡の神体として請われたが許さず、後宇多天皇によって漸く神護寺へ返還された。そのごとく宝蔵とは神仏にわたる聖なる宝物が聚まる場所であり、なかでも最も秘蔵された聖なるもの、宝蔵とそれが担う院の存在を集約して象徴するものが、この宝珠であった。それは、察するに〈院〉という中世王権の生命力の源泉ではなかったか。

院政期の現実世界では、王権の「中心」はこの勝光明院の宝蔵であったかもしれない。しかし、那須野の妖狐の遺骸が鳥羽院のもとに運ばれたにもかかわらず、勝光明院の宝蔵ではなく、「宇治の宝蔵」に納められていることからもわかるように、それ以前の王権の宝蔵であった宇治の宝蔵が、中世の説話世界においては、王権の「中心」として観念され続けていたのであった。少なくとも、その理由の一つとして、「宇治の宝蔵」を「龍宮」としてイメージする強い観念が作用していたということは明らかであろう。

酒呑童子の首のなかに、「宝珠」が納まっていたのかはわからない。しかし、酒呑童子の首は、その凶悪さによって、王権の「中心」に建つ幻想の博物館としての「宇治の宝蔵」に納めるに値する「宝物」であった。つまり酒呑童子の首は、「王権」の生命力の源の一つであったといえよう。

王権説話としての酒呑童子説話

以上をもって私たちの考察は終了した。もう一度、ここで「酒呑童子」の物語を思い起こしてみよう。その冒頭は、次のように語り出される。

　人王六十六代の御門、一条院と申奉るは、円融院第一の御子なり、花山の院をうけつがせたまひ、寛和二年(九八六)七月二日に御即位あり。此君、御治天のはじめより、たえたるをつぎ、すたれたるをおこし、佞人をしりぞけ、賢臣をあげ、政道ただしくわたらせたまふにより、聖徳、四海にしひて、をのづから、兵革のおそれもなく、現世安民の、御いつくしみふかく、恩沢、万民にうるほひて、かつて回録(禄)のうれひもなし……

こうした王権の繁栄をうたいあげたあと、天下を乱す酒呑童子の物語が語り出され、最後にまた次のように再び王権の繁栄がたたえられるのである。

　家門の繁昌、時を得、いよいよ忠貞をもって、上、一人につかへ、仁政をもって、下、万民に、ほどこしたまふにより、四夷八蛮もをこることなく、兵革わすれたるに似たり、五畿七道も、みちひろく、行客のわずらひもなし、子々孫々、れんぞくし、れんふ《（連符）》、槐門の、たつときにいたり、武将大樹のたかきにのぼり、四海を治めたまふ、めでたかりける事ども也。

このように、まぎれもなくこの説話は「王権神話」であり、しかも王権にとってきわめて重要な説話であった。それは「中心」とは「外部」であり、「外部」は「中心」とつながっていることを物語るとともに、「王権が超越性を持った『中心』として成立するのは、それが『外部』を占有した時である」（上野千鶴子）ということを物語っている。

しかし、とりわけ注意したいのは、こうした「王権説話」が流布した時代、つまり中世後期は、この物語が語るように、上皇や天皇の王権が盛んであったときではなく、むしろ極度に衰退を迎えていたときであった、ということである。王権が強大なときは、むしろこのような物語は語り出されることはないのではなかろうか。すなわち、現実の王権がまさに危機に瀕していたがゆえに、こうした「王権説話」が語り出されたのではなかろうか。私たちは、「酒呑童子」の「首」の行方をもっと探究してみる必要がありそうである。

注

(1)阿部泰郎「『大織冠』の成立」(『幸若舞曲研究』第四巻、三弥井書店、一九八六年)。阿部泰郎「宝珠と王権」(『岩波講座・東洋思想』第十六巻、岩波書店、一九八九年)。
(2)三浦佑之『浦島太郎の文学史』(五柳書院、一九八九年)。
(3)阿部泰郎「『大織冠』の成立」(『幸若舞曲研究』第四巻、三弥井書店、一九八六年)。
(4)高橋昌明「『大江山絵詞』復元の試み」(『滋賀史学会誌』第七号、一九八九年)。
(5)高橋昌明『酒呑童子の誕生』(中公新書、一九九二年)。
(6)高橋昌明、前掲書。
(7)高橋昌明、前掲書。
(8)島内景二『御伽草子の精神史』(ぺりかん社、一九八八年)。
(9)上野千鶴子「外部の文節――記紀の神話論理学」(『大系仏教と日本人』1、春秋社、一九八五年)。
(10)田中貴子「宇治の宝蔵」(『外法と愛法の中世』砂子屋書房、一九九三年、所収)。
(11)阿部泰郎「宝珠と王権」(『岩波講座・東洋思想』第十六巻、岩波書店、一九八九年)。

鬼を打つ
――節分の鬼をめぐって

「年かえ」の晩

現在でも多くの家々で、節分の晩になると「鬼は外、福は内」と大声を張り上げながら豆をまく行事が行なわれている。豆まきの役をするのは年男だとされているが、年男や年女がいない家では、家の主人や子供たちが勇んで豆まき役を買ってでているらしい。私の家でも、娘が幼かった頃は、豆まきを欠かさずしていたが、妻と娘がもっぱら豆をまき、私は紙製の鬼の面をかぶせられて豆をぶつけられてひたすら逃げまどう鬼の役をつとめることになっていた。見えない鬼に当たるようにとやたら豆をまくよりは、家のなかに入り込んでいる鬼を演じている私に向けて豆をぶつける方がずっとわかりやすく、楽しく、力も入るというわけである。

こうしたことは、大きな寺院や神社での節分の豆まきについてもいえそうで、見えない鬼に向かって豆をまく寺社がある一方では、鬼が登場する形式の寺社もあり、しかも鬼が登場する方がずっとドラマチックで楽しい[1]。

では、こうした節分の行事はいつごろから始まったものなのだろうか。なぜ立春の前日に鬼が登場し、そして追い払われるのだろうか。なぜそのための道具として豆（とくに大豆）が用いられるのだろうか。

節分とは、一年を四つの季節に分けたときの分け目に当たるときという意味である。したがって、正しくは節分は四つあることになる。立春の前日、立夏の前日、立秋の前日、そして立冬の前日がそれである。ところが、このうちの立春の前日のみが人々に強く意識され、特別の日として鬼を追い払う行事が行なわれることになったのである。どうして特別の日とみなされたのだろうか。どうやら、その理由は一年の終わりと新しい一年の始まりのときを、他の節分の日ではなく、立春の前日から立春当日の境にみたことによっているらしい。つまり、この節分の晩は大晦日の晩に相当する晩であった。一年の終わりと新しい一年の始まりの日である。

節分の夜が「年かえ」の晩であると考えられていたことは、いくつかの史料によって知ることができる。

たとえば、狂言『節分』には、ある家の主人が節分の夜に「出雲の大社に年籠り」に出かけたので、その妻が留守番しているところに、蓬萊《ほうらい》の島の鬼が「豆を囃《はや》いて年を取ると申すによって、急ぎ日本へ渡り、豆を拾うて嚙《か》まばやと存じ候」と現われてくる。

また、戦国末期のころの越後国の国人領主色部《いろべ》氏の年中行事記録にも、「節分の夜の方違の御祝儀、本百姓・岩舟の御百姓衆・御館《みたち》様と彼の三ヶ所より、年かへに御祝い候」（傍点、著者）とみえ、節分が一年の境目とされていたことがわかる。(2)

もちろん、節分の晩が年が変わる晩とみなされていたからといって、年の変わり目としての大晦日がなかったわけではなく、ちゃんとそれにさき立って大晦日と正月があったので、少なくとも当時の人びとはふたつの暦、二度の年の始まりを体験していたことになる。

鬼と福の神と祖霊

さて、冬の節分の晩が一年の終わりの晩とみなされていたことがわかってくると、なぜこの晩に鬼が登場し追い払われるのか、逆にいえばなぜこの晩に福の神が招き入れられるのか、という疑問への答がおぼろげながらも明らかになってくる。

民俗学者たちは、一年の終わりの日、つまり大晦日の晩には死者の霊（祖霊）が戻ってくるときであったことに注目し、それが鬼へ、あるいは福の神へと変化したと考えた。たしかに、「つごもりの夜……亡き人のくる夜とて、魂《たま》まつるわざは、このごろ都にはなきを、東のかたには、なおする事にてありしを、あわれなりしか」（『徒然草』第十九段）とあるように、中世では大晦日の晩には死者の霊がこの世に来訪してくると考えられていた。しかし、その死者の魂が鬼や福の神の原型であるかはなお疑問であり、むしろ一年の境目、時の裂け目であるがゆえに、神霊たちがその裂け目からこの世にやってくると考えていたのだろう。つまり、祖霊もやってくるが、福の神も鬼もやってくることができたのが大晦日の晩であったのだ。大昔はいざ知らず、中世以降においては鬼と福の神と祖霊とはいちおう区別されていたのである。

大晦日や小正月の晩に、来訪神がやってくるというので、その見えない来訪神をお迎えする行事が各地に伝えられている。村の若者や子供が来訪神に扮して家々を回って歩くところもある。

東北の遠野地方も同様の行事が伝えられていた。注目すべきことに、この日は、昼に福の神などが来訪してくるだけではなく、夜になると恐ろしい妖怪の類（山の神）もまた来訪してきたのであった。

正月十五日の晩を小正月という。宵のほどは子供ら福の神と称して四五人群を作り、袋をもちて人の家に行き、明け方から福の神が舞い込んだと唱えて餅を貰う習慣あり。宵を過ぐればこの晩に限り人びと決して戸の外に出づることなし。小正月の夜半過ぎは山の神出でて遊ぶと言い伝えてあればなり(3)。

ようするに、この日は「福は内」の儀礼を行なったのち、夜は「鬼は外」ならぬ恐ろしい山の神を忌んで籠りをするという日なのであった。この恐ろしい山の神に豆をぶつければもう節分の豆まきに等しくなるわけであるが、そうしたことはなされない。節分はまた別に行なわれていたが、同じ観念に基づくものであったらしいことはわかるはずである。

柳田説によれば、この福の神も山の神ももとは祖霊だということになるのだろう。また、折口説によれば、福の神は常世国《とこよのくに》（異郷）からやってきて村びとに幸福を与えてくれる「マレビト」（来訪神）であり、恐ろしい山の神の方は善なる山の神が零落して妖怪化し悪霊化したものということになるのだろう。だが、はたしてそうした解釈で片づくかどうか大いに疑問である。

こうした民俗学的な解釈に対し、歴史学サイドからも節分の行事の解釈が与えられてきた。節分の起源について、ふたつの説明が与えられている。ひとつは、陰陽師たちによって執り行なわれた宮廷行事であった「追儺《ついな》」の儀礼が民間にも流布して節分の行事になったというものである。

宮中では、大晦日の戌《いぬ》の刻、天皇が紫《し》宸殿《しんでん》にお出ましになり、その前に方相氏《ほうそうし》と呼ばれる役の者が、黄金四つ目の仮面をかぶり、赤い衣装をまとい、右手に鉾、左手に楯を持って出てきて、大声を発して鉾で楯を三度打つ。これを合図に臣下の者たちが桃の杖、桃の弓、葦の矢で東西南北に分かれて目に見えない疫鬼を追い払う儀礼をしていた。これが追儺の儀礼である。ところが、平安末期になると、疫鬼を追い払うこの方相氏が鬼と誤解されて外に追い立てられるようになったというのである。

京都の吉田神社の節分祭は、こうした宮中の追儺儀礼に基づいて、近代に入って復元されたものであるという。復元当初は古式どおりに、鬼は見えない存在なので、見えない存在としての鬼を方相氏が追い立てるというものであったが、あまり評判がよくなかったため、目に見える鬼が登場するように変えられたそうである。これなどはわが家と同じ考えから鬼役ができたわけである。

節分の起源のもうひとつの説は、仏教の側が執り行なっていた一年に一度の法会《ほうえ》であった修正会《しゅうしょうえ》や修二会《しゅにえ》に登場する鬼に関係している、とするものである。この法会でも「追儺」が行なわれるが、これはもとを正せば宮中の追儺に起源がある。つまり、一度仏教の行事に取り込まれた追儺の儀礼が、さらに民間にも流布して節分になったというわけである。[4]

私がもっとも支持したいと考えているのは、この仏教儀礼からの説明である。節分の鬼の先祖は、まず修正会・修二会のクライマックスを構成していた追儺の儀礼に登場した鬼であろう、とみたいのである。というのは、節分の起源説話としてまことに興味深い説が伝えられているからである。

まず、中世の中ごろに編纂された『塵添壒囊鈔《じんてんあいのうしょう》』に、次のような説明がみられる。節分に大豆を打つことについては確かな説は伝えられていないが、京都の北の入口にあたる旧鞍馬《くらま》口にあるみぞろ(深泥池《みぞろがいけ》)の鬼穴を封じるために、三石三斗の大豆で鬼を打ったのが初めである、と。貴船《きふね》社、鞍馬寺と深い関係にある深泥池に鬼穴があったことと、大豆で鬼を打ったことが節分と関係しているわけである。
これに対応するのが次の説話、お伽草子のひとつ『貴船の本地』である。

寛正法王の代に、本院の中将定時は帝の寵愛を受けて威勢は並びなかった。かねて理想の美女を求めていたが、内裏の扇合わせの折にみた上臈《じょうろう》に魅せられ、多くの神仏に参籠《さんろう》した末、ついに鞍馬の毘沙門天の加護により、扇絵の美女よりも十倍も美しい女に会うことができた。しかし、この女は龍女の宮であった。

中将は鞍馬の奥の岩穴から鬼の国へ案内されて女と契りを結ぶ。父の大王から呼ばれた龍女の宮は、中将を守るために呪杖《しゅじょう》でこすって三寸ばかりの姿にし、肌の守りに入れて出かけたが、この秘密が顕れ、宮はわが身の供養をたのんで、大王に食われてしまう。

ところが、そのころ中将の伯母の二位の局が懐妊し姫を生んだが、左指がひとつないので蓮台野《れんだいの》に捨てた。中将がその子を拾って帰ると、この姫が龍女の宮の生まれかわりであることが判明し、ふたりは結ばれる。

これを憎んだ鬼がふたりをなきものにしようとしたが、毘沙門天の加護によって鬼の国の出口を封じ、三石三斗の煎り豆で鬼を打ち、また天から攻めてくる鬼の大軍を防ぐために五節供を設けた。死後、宮は貴船大明神、中将は客人神となって衆生を守った。

実にスケールの大きな物語だが、私がとくに注目したいのは、中将たちによる豆まきが節分の起源とされていることもそうだが、さらに正月や五節供の起源がいずれも鬼を追い払うための呪法と考えられており、しかもその呪法を教えたのが毘沙門天だった、ということである。

このことをもう少し『貴船の本地』にそって詳しくみてみよう。

鞍馬の毘沙門天が鞍馬寺の別当に示現して、次のように告げる。鬼は節分の夜に来襲してくるから、七人の博士（陰陽師）を使って鞍馬の奥の僧正谷《そうじようがたに》の岩屋（あるいは深泥池の端の方丈の穴）を調伏して封じ、三石三斗の煎り豆で鬼の眼を打つとよい。そうすれば、鬼は十六の眼をかかえて逃げるだろう。

また、鰯《いわし》を焼いて串刺しにし、家の戸口に挿しておけば、やってきた鬼がこれを人だと思って食うだろう。また、天から攻めてくる鬼を退散させるために、正月に、門松を立て、しだやゆづりは、炭がしらを門にかけるといい。というのは、門松は鬼の墓標、しだは鬼のあばら骨、ゆづりはは鬼の舌を表わしているからである。三月三日には桃の花、草餅を供え、五月五日はちまき、七月七日はそうめん、九月九日は菊の花を供えるといい。

なぜなら、桃の花は鬼の眼を抜き酒に入れて飲むことを、草餅は鬼の皮を食うことを、ちまきは鬼の頭を食うことを、また菖蒲を酒に入れて飲むことやそうめんや菊の花や栗を食うこともまた同じように鬼の体を食うことを表わしていて、そうした行事をすることが鬼の調伏になるのだ、と。

つまり、正月や節分、五節供はいずれも、鬼（邪気）を祓うための行事だったわけである。

この説話の五節供の部分は蘇民将来《そみんしょうらい》説話の焼き直しを思わせるが、ここでは指摘だけにとどめておこう。

「鬼の子小綱」と鬼追い

ところで、この説話の民間版といえる話が各地に流布していた。「鬼の子小綱」と呼ばれる昔話群で、この昔話群のなかに節分との関係を強調する話が見出される。(5)

鬼の嫁になって山に住んでいる娘のところに、爺が訪ねてくる。娘には子供が生まれていた。名は〝できぼし〟という。娘は鬼が戻ってきたら食われてしまうから、と爺を戸棚の中に隠す。人がいるのを匂いで嗅ぎつける。嫁が決して食べないという約束をさせて、爺を戸棚から出すが、夜になって鬼が爺を食べようとする。できぼしが気づいて、妨害して食べさせない。

翌日、鬼が山に行った留守に、できぼしがふたりの逃亡をすすめる。戻ってきた鬼は、やがて三人が舟で逃げたことを知り、川の水を飲んで舟を止めてしまう。しかし、できぼしが「おっか、ぼぼ（女陰）をたたけ」というので、そのとおりにすると、鬼がこれをみておかしさに耐えきれず、水を吐き出してしまう。その水の勢いで舟は村に打ち寄せられた。

それから、しばらくした節分の夜に鬼がやってきたが、焼きかがし（焼き頭）を挿しておいたので、おどろいて逃げてしまった。できぼしを焼きかがしにしたと思いこんだのである。

この昔話は、できぼしつまり鬼の子に見立てられた焼きかがしを、戸口にかざって鬼よけにしているだけである。しかし、同じ話の異話には、鬼の子を実際に殺して串刺しにして入口にかざり豆をまく、ということを語っているものや、戸口に菖蒲と蓬《よもぎ》を挿しておくことで鬼を追い払ったところ、この日が五月五日だったので、五月の節句には菖蒲と蓬をかざる、という話になっているものもある。ようするに、邪気を鬼とみなし、それを追い払う行事が節供であり、節分であったというわけである。これと並んで、民間の節供の起源譚として、鬼に代わって蛇が襲ってくるのを菖蒲などで防ぐという話もある。

話が少し脇にそれた感があるので、本題に戻ろう。問わねばならないのは、なぜ節分や節供に出現する鬼を追い払う呪法を教えてくれたのが毘沙門天だったのか、ということである。

毘沙門天と鬼——この関係は、実は修正会や修二会の追儺のなかにみられる関係なのである。すなわち、中世の法勝寺や法成寺、法隆寺などの多くの寺院の修正会の追儺では、なぜか決まったように、毘沙門天と龍天と鬼が登場し、毘沙門天と龍天が鬼を追いかけて退散させるという芸能的な色彩の強い儀礼を行なっていた。鬼の出現を演劇的に行なう形式の修正会は今日でもなお各地にみられるが、なかには毘沙門天や龍天がもう登場しないものもある。しかし、かつての修正会では、毘沙門天が鬼を退散させるとされていたのであった。

また、この修正会には鬼をめがけてつぶてが浴びせられることもあったという。そしてこのつぶて打ち、つまり「印地《いんじ》打ち」を得意とする人々が中世には活躍し、そうした人々の内訳は非人や悪党、陰陽師、散所《さんじょ》法師の類の人たちであった(6)。鞍馬の毘沙門天の示現と七人の博士（陰陽師）の鬼穴封じ（調伏）、そして節分の豆まきという関係を語る『貴船の本地』の話は、鞍馬の毘沙門天と印地打ちと鬼を追うつぶてという関係、別の言い方をすれば、修正会の毘沙門天とそれに追われる鬼とつぶてという関係を暗示しているかにみえる。

では、なぜ鬼を退治するのが毘沙門天だったのか、という問いが出てくる。だが、それに対しては、残念ながら、中世において毘沙門天がことのほか鬼を退散させることに優れていた神とされていたらしい、と答えるくらいしか、いまはできない。近世に揃ったという七福神のうちでも、毘沙門天はとくに中世において人気のあった福神であったのだ。

もうひとつの龍天についてはなにも明らかになっていないのだが、中世の龍神信仰と深い関係があるのではないかと想像される。中将を助けたのが龍女の宮だったことも、たんなる偶然ではなさそうである。

こうしてみると、わが家の節分で豆をまく妻と娘は、宮中の追儺儀礼でいえば方相氏にあたり、仏教の追儺儀礼でいえば、毘沙門天と龍天の役を演じているということになるわけである。また、つぶてに関しては、「大黒飛礫の法」などというものがあり、蕎麦を飛礫に用いたりもしたという。こうした飛礫つまりつぶては如意宝珠とみなされ、福をもたらす力をもった珠（玉）であった。すると、私たちの節分の豆も、如意宝珠なのかもしれない。だとすると、まことにありがたいものを口にしていることになるわけだ。

こうしてみてくると、どうやら、私たちの節分の行事は、年が変わるその境目から異界の神霊たちが侵入してくるという民俗的信仰をふまえつつ、中国から入った宮中の追儺儀礼、仏教の追儺儀礼などが習合しながら、中世のころにでき上がった習俗、ということになるのではなかろうか。(7)

注

（1）五来重『続仏教と民俗』（角川書店、一九七九年）に収められた「鬼踊り」についてのエッセイや『仏教行事歳時記・節分』（第一法規出版、一九八八年）など参照のこと。
（2）藤木久志『戦国の作法』（平凡社、一九八七年）。
（3）柳田国男『遠野物語・山の人生』（岩波書店、一九七六年）。
（4）五来重、前掲書、参照。
（5）五来重『鬼むかし』（角川書店、一九八四年）を参照。
（6）丹生谷哲一『検非違使』（平凡社、一九八六年）。
（7）「蓑着て笠着て来る者は……」（小松和彦編『これは「民俗学」ではない』福武書店、一九八九年）を参照のこと。

雨風吹きしほり、雷鳴りはためき……
——妖怪出現の音

民俗のなかの妖怪

「闇」という漢字は、「門」のなかに「音」が入っている。調べてみると、家の門戸を閉じて暗い家のなかで音だけが聞こえることからできたのが、この「闇」という漢字なのだそうである。

なるほど、闇は光がない状態である。当然のことながら目が利かないので、周囲の状況を知るには音が一番ということになるだろう。匂いや接触では音ほどの情報を得ることはできそうにない。

ところで、妖怪たちが出没するのは夜であることが多い。したがって、夜の暗闇のなかで妖怪たちが自分たちの出現を人間に伝える最良の方法は、音を立てることなのではないかと想像しがちである。たしかに、民俗社会における怪異現象の多くは、たとえば「小豆あらい」のように「音」の妖怪であった。

しかしながら、どういうわけか、文学作品のなかで語られる姿かたちをもった日本の妖怪存在たちの方は出現に際してそれほど音に頼っていないのである。

一般にいわれている妖怪出現の音、というより妖怪の声は、「お化けだぞー」である。つまり、妖怪は自分から名乗りを挙げなくては、人びとに妖怪と理解してもらえないことが多かったらしいのだ。これは近年の妖怪の勢力が衰退してしまった時代の新しい事態なのだろうと思いがちであるが、柳田国男の『妖怪談義』(1)以来、民俗学者たちが注目してきた民俗社会における妖怪たちも、その出現時における音（声）は、これと同様であった。

社会言語学者の真田信治は、化物・妖怪をさす幼児語の方言分布を最新の資料に基づいて作製しているが、それによると、アモー、モー、モモンガーといった妖怪の総称は、妖怪たちが、「食《は》まうぞ」といって出現することから生じたものであると推測している。(2)民俗社会の妖怪たちも、自分たちが子どもを食べる恐ろしい存在だということを告げながら出現しなければ、怖がってもらえなかったわけである。

では、時代をさかのぼって近代以前では、姿かたちをもった妖怪存在たちはどんな出現の仕方をしたのだろうか。彼らは出現にあたって音（声）を発したのだろうか。もし発したとしたら、どんな音だったろうか。

こんな疑問に導かれて、あれこれと書物を調べてみたのだが、その限りでは日本の妖怪はやはり近代以前でも音にそれほど配慮していなかったかの印象を受ける。

たとえば、室町時代に制作された『化物草子』（ボストン美術館蔵）という絵巻には、五つの怪異譚が収められているが、そのいずれも妖怪出現に際しての音について記述していない。さらにさかのぼって、鎌倉や平安の時代の資料を繰ってみても、やはりこうした傾向はそれほど変わらないようである。

けれども、日本の妖怪がその姿かたちを現す場面において音をともなっていなかったわけではない。音をともなって出現する妖怪たちがいたのもたしかなのである。

『稲生物怪録』にみる怪音

文学作品のなかの妖怪出現の音について知るもっとも手取り早い方法は、妖怪が出現するところに出かけてみることであろう。

昔から、山の中や峠、橋、坂、辻などが、妖怪の出現しやすいところとされているが、近世になるといわゆる「妖怪屋敷」とか「化物屋敷」と呼ばれる屋敷がたくさん現われてくる。

妖怪屋敷とは、祟りのこもった土地に建てられたなどといったことが契機になって、さまざまな妖怪変化が集まってくるようになってしまっている屋敷である。妖怪屋敷にもさまざまなタイプがあり、屋敷全体が妖怪変化の影響下に置かれているようなものもあれば、特定の部屋に限って怪異現象がみられるといったものもある。

では、こうした妖怪屋敷に出現する妖怪たちは、出現する際に音を発するのだろうか。発するとすればどんな音なのだろうか。

こうした疑問を解くために、私たちが赴いてみることのできるもっとも適当な妖怪屋敷は、『稲生物怪録絵巻』に描かれている稲生屋敷であろう。(3)

この屋敷の主人は十六歳の稲生平太郎という若者である。寛延三年（一七五〇）五月の末つかたのこと、平太郎と隣家の三津井権八は、肝だめしとしていろいろと怪談をとり集めて「百物語」をしたあと、くじを引き、当たった方が近くの比熊山の古墳にさわりにいくことにする。この古墳にさわると、たちまち祟りがあって物怪が憑くと怖れられていたからである。くじに当たった平太郎は夜が更けた丑三つ時に、ただ一人蓑笠を着て「雨はしきりに降り来り、狼の声のみ聞えけり」という夜の暗闇のなかを歩いて、ようやく古墳にさわって戻って来る。だが、すぐにはなんの怪異も起こらなかった。ところが、ほどなくして、この稲生屋敷に、さまざまな妖怪が次々と出現してくることになる。

一か月ほど経った七月一日、晴れわたった空は、比熊山の方からにわかに曇り、「一天墨をそそぎしごとく、白雨《ゆうだち》、ばらばらと降り来り」、「雨は篠《しの》をつくが如くにて、雷おびただしく鳴わたりける」夜半すぎ頃に、寝ていた家来の権八が「何かすさまじき大男の来りし」という夢を見てうなされる。これを平太郎が叱りつけて強引に寝かせたあとの、「雨は誠に車軸を流す如く、夜も最早八ッ過ならんと思ふ頃、さつと一吹来る風に、灯火忽然と消ぬれば」、その暗闇のなかから、目が朝日のように光を放つ「一眼」の妖怪が出現してくる。

これが稲生屋敷に次々に出現する最初の妖怪の出現の様子である。激しい雷雨の音が妖怪の出現を示唆している以外に、この妖怪はこれといった特別の音を発していない。では、その後一か月の間に次々と現われる妖怪たちのうちで、出現にあたって音を出す妖怪はどんなものがあるだろうか。この点に注意しつつみてみよう。

二日目に出現した妖怪は、行燈の火をぱちぱちと鳴らし、それが次第に長く大きくなって天井に燃えつき、たたみの角々が五寸三寸ずつ、ばたりばたりと上がるというものであった。ところが、その翌日の九ツ時頃になったとき、「いづくともなくどろどろと鳴出し、何事やらんと思ふうち、次第に家鳴強くめきめきゆさゆさとなる程に、是は大地震なり」ということになったが、隣家を見れば何事もなく、家鳴・震動は平太郎の家のみであった。

これは、要するに、ポルターガイスト現象である。これがその後、平太郎の家で繰り返し繰り返し妖怪の退去まで続き、それとともに家のなかの道具などが浮遊したり、音を立てたり、変化したりするという怪異がしきりに起きるなかで、「女の血首」や「指目石蟹」「串ざし首坊主」「輪違」「網貌」「雷光手」といった妖怪たちが陸続と入れ代わり立ち代わり出現してくることになるのだ。だが、例によって家鳴・震動がすさまじいという以外は、「鯨浪《トキノコヘ》のやうに、大勢の声聞えければ……天狗だをしにや」と気味悪く

『稲生物怪録絵巻（堀田家本）』より、女の血首（資料提供：三次市教育委員会）

思われる程度の音しか特別の音を出さないのである。

こんな状態を一か月過ごした晦日の夜、妖怪の頭《かしら》である山本五郎左衛門が現われて、平太郎の勇気をたたえ、以後は平太郎の守護神となることを約束し、一つの手槌を渡し、危難あるときはこれで柱を叩けばすみやかにお前のところに現われて助けるであろう、と告げ、妖怪たちは〝大名行列〟のごとき行列をなして稲生屋敷から立ち去っていく。

以上のことからも明らかなように、妖怪屋敷にみられる妖怪出現時の音は、天候の異変、つまり晴れから雨もしくは雷雨へ、あるいはその逆といった変化にともなう音と、家鳴・震動、器物の音などからなる「騒音」、すなわちポルターガイストにほぼ集約されてしまう。妖怪それ自身は、その頭《かしら》を除けば、ほとんど音も声も出さないのである。宮田登の研究によると、妖怪屋敷と呼ばれる家の怪異のほとんどが、この稲生屋敷と同様、ポルターガイスト現象であるという(4)。

雷雨と妖怪

妖怪屋敷に妖怪が出現する前に、その予告のごとく天候に異変があることは、大いに注目してよいであろう。それは、「一天にわかに掻き曇り」という常套句《じょうとうく》として一般化しているほどに、妖怪出現にふさわしい情景である。そして、そこでは稲光という光の効果と雷鳴という音の効果がともなわれているのである。

たとえば、中世後期に制作されたと考えられるお伽草子の『伊吹童子』に描き込められている、「八岐大蛇」（＝伊吹大明神）が生贄《いけにえ》に出された稲田姫を呑み込もうと出現してくる情景も、「雨風吹きしほり、雷《いかづち》鳴りはためき、大山の崩るゝが如くして」であり、また、説経の「まつら長者」でも、生贄に出されたさよ姫の前に、「にわかに空掻き曇り、雨風激しく、はたた神鳴りしきりにて、さざなみ打つて、その丈十丈ばかりの大蛇、水を巻き揚げ、水を蹴立て、紅の舌を振り」つつ出現してくる。

こうした天変の異変、雷鳴、電光のなかから出現してくるのは、大蛇・龍神だけではなく、鬼たちもまた同様であった。『北野天神縁起絵巻』の雷神出現の場面や俵屋宗達の絵などに示されているように、鬼と雷神・風神の図像上の一致からもこのことは容易に想像しうることであるが、一例を挙げれば、次のような話がある。

羅生門に出没する鬼退治に出かけた渡辺綱が、九条あたりにさしかかったとき、同様の異変に出会うことになる。「俄に雨降り、黒雲おほひ、今までさやかなる月かき曇り、深夜の如くになりて、行くべき末もおぼえず、帰るべき道も忘れ、前後不覚に見えたりけり。されども天下無双の剛の者なれば、いかでかみだるべき。雷のひびきをしるべにし、電光を松明として、心静かにうち寄せけり」。そして八条の坊門まで来ると、「俄かになまぐさき風吹き来り、雨車軸の如く降りければ」という状態になるなか、「羅生門の半《なかば》に黒雲たなびき、雲のうち光りわたって、千万の雷鳴りひびきて、いまは異形の者眼《まなこ》にさい（へ）ぎり見えにけり」とあるように、黒雲で闇（＝夜）を作り出して鬼神が出現してくるのである（お伽草子『羅生門』）。

もっとも、鬼や龍がつねにこのようにして出現するわけでもなければ、まして妖怪一般についてこのことがいえるわけでもない。『今昔物語集』巻十三にみえる、天王寺の僧は、馬に乗った行疫神二、三十騎とその案内役の道祖神の会話を耳にしている。とすれば、こうした行疫神（疫病神――鬼の姿で表現される）の出現の音は、馬のひづめの音ということになるであろう。『古本説話集』に描かれている「百鬼夜行」は、火をともしてののしりつつ歩く二、三百人の異形の者たちであった。この場合の妖怪たちの音は、ののしり声と足音ということになるのであろう。

このように、鬼やその他の妖怪たちの出現の有り様は多様であって、決まった音を必ずしもともなっていたとはいえなかったのだが、それがやがて上述のごとく、風雨・雷鳴とともに出現するというように定まっていったらしい。

鬼の芸能――「乱声」と「つけ」

ところで、こうした妖怪出現の音がそれなりに定式化されるようになった背景には、中世になって盛んに生まれてくる鬼の芸能があったのではないか、と私は睨んでいる。

鬼が登場する芸能において、鬼の登場と退場を告げる音がある。たとえば、多くの寺院で行なわれる修正会は、もとは鬼の登場と退場を中心とした正月行事、つまり追儺の儀礼だと考えられており、したがって、現在でも鬼の登場するものが多い。このとき、太鼓や法螺、牛王杖、拍子木などを打って大きな音を立てることがなされる。これを一般に「乱声《らんじょう》」と呼んでいる。奈良の五條市にある念仏寺の「ダダオシ」とも呼ばれる修正会でも、鬼が登場する際に、二本の拍子木を打ちつけて騒音を作り出すことがなされる。

いうまでもなく、こうした「乱声」は、歌舞伎で異形の登場人物が走りながら舞台に出てくるときに、二本の拍子木で床を打ちつけてバタ・バタと音を立てる「つけ」のもとの姿である。

では、「乱声」やその変形である「つけ」はいかなる音を意味しているのだろうか。

芸能史家の守屋毅は「日本の音曲考——芸能と音をめぐる覚書」(5)のなかで、この「つけ」に言及し、『続耳塵集』にみえる「つけ」の説明、すなわち「立合あるいは太刀打の時、かげを打とて大きな拍子木にて、ぐわた〳〵とたたく。むかしは、か様の事はなし。或は龍をつかふか、鬼神など出合ふ時には、たたきならせり」という興味深い記事を引用しているが、彼は「龍や鬼は実際にバタ・バタと音をたててあらわれいでるものや、否や。まさかこのバタ・バタを龍や鬼の足音とはいえない」との疑問を提出するに留まっている。

しかし、これまでの検討から推測するならば、「乱声」や「つけ」は、鬼や龍の足音ではなく、これらが出現する際に、その予兆としての、あるいは出現の効果音としての風雨や雷鳴の音を象徴していると考えられるはずである。物語作品のなかの鬼や龍（大蛇）は雷鳴をとどろかして出現し、芸能の鬼は「乱声」や「つけ」のなかから登場してくるのである。そして、それらはまた、異界からの音、無秩序を象徴する騒音としての機能をも帯びていたにちがいない。

　このように考えると、前々から疑問に思っていた『熊野の本地』の一場面が納得のいくものとなってくる。

　この場面とは、善財王の寵愛を一身に受け、世継ぎまでも身籠った五衰殿のせんこう女御を除こうとした九百九十九人の后たちが「百歳ばかりの媼の、丈高く恐ろし気なるを九百九十九人揃《そろ》へて、皆々、赤き物を着せ、色々、恐ろし気なるいでたちをさせ、手には笏拍子をもたせ、夜中ばかりに大王の坐します五衰殿に押し寄せ、呼びけるは、悪王をはらみける物に添ふ上、天下に七難起こりて、月日の光も失せ果てて、十万の眷属今宵のうちに、われら、皆々取り失い、明日の巳・午の時に、大王の御たぶさを取りて空に上らんに、急ぎ急ぎもとの殿上へ帰らせ給へ」と恐ろしき声で喚《わ》めき叫ばせる場面である。このために「大王、大きに驚き給ひて、妃に申給ふ、哀れなるわざかな、おのずから子といふ物をもたざるに、嬉しと思ふところに、空より鬼ども降り来りて眷属を皆々失はんことこそ悲しけれ」と、せんこう女御のもとを離れることになる。

　すなわち、空より降り来った鬼どもに扮した九百九十九人の下女たちは、鬼の出現を告げる騒音（＝雷鳴）を、ここでは笏拍子で作り出していたわけである。

日本の妖怪たちの出現に際しての音は、それほど深刻に考えられていたとはいえない。しかし、ある程度の定形化がなされたものは雷鳴の音であり、それを芸能や儀礼においては拍子木などによって作り出していたらしい。

幽霊の登場するときのヒュー・ドロドロもまた、笛と太鼓のお囃子の音であったことを考えると、文学作品のなかの妖怪出現の音が、芸能との深い関係のなかから形成されていることを、つくづくと思わざるをえない。

注

（1）柳田国男「妖怪談義」（『定本柳田国男集』第四巻、筑摩書房、一九六三年）。
（2）真田信治「方言分布から探る『妖怪名』の語源」（『日本語のバリエーション』アルク、一九八九年）。
（3）『日本の妖怪』（『別冊太陽』平凡社、一九八七年）に、この絵巻が収録されているので参照のこと。
（4）宮田登『妖怪の民俗学』（岩波書店、一九八五年）。
（5）守屋毅「日本の音曲考」（『ｉｓ』第九号、一九八〇年）。

鬼の太鼓

——雷神・龍神・翁のイメージから探る

昔話のなかの雷神のイメージ

鬼と太鼓ということでまず思い浮かべたのは、天上界に棲《す》む鬼つまり雷神が背負っている七つか八つの太鼓であった。雷神はこの太鼓を叩くことによって天に雷音をとどろかせるというのである。

こうした太鼓を叩き鳴らす雷神＝鬼が登場する昔話が伝えられている。「源五郎の天昇り」として分類されている昔話である。

苗売りの爺のいうままに、若者が百文も出してたった一本の茄子の苗を買い、毎日丹精をこめて育てたところ、見上げるような大木となった。その木に、雲がかかったような美しい紫の花が咲き乱れ、やがて実がなった。ちょうど七夕の夜、その茄子《なす》を採るため木に登り天上まできてしまう。

そこに立派な御殿があった。あたりを見回すと、立派な座敷に一人の白鬚の翁がいる。若者の姿を認めた翁は、二人の美しい娘とともに彼を歓迎し、やがて昼頃になった。翁は「珍客のために思わず時が経ってしまった、さあ娘ども、支度をしろ」といって立ち上がり、一室に入って出て来ると、前とはまったく風態が変わり、真っ裸で、虎の皮の褌を腰にあて、頭には二本の角が生え、口は耳まで引き裂けていた。世にいう鬼であった。翁は「これから仕事をするので仕事着に着替えたまでだ」といい、「私は実は雷神で、これから下界に夕立を降らしてやらぬと作物が伸びない。お前も少し手伝ってくれないか」という。翁に七つ太鼓を叩いてもらい、娘に鏡を閃かしてもらいながら、教えられるままに雨を降らせた。

娘たちの方をみると、鏡を振るのに夢中になって、着物が脱げ胸があらわになり、裾がまくれてまっ白い脛が出たりしている。若者がその風態がおかしく、思わず気を抜いた拍子に雲から足を踏みはずして下界に落ちてしまった。

そして畠の桑の木に引っ掛かった。雷神は、残念がる娘の心を察し、それ以後、桑の木には落ちないことにした(1)。

このような内容の昔話群に登場する天上界の住人は、雷とか雷神とか鬼とか表現され、雷音（雷鳴）、電光（稲光）、黒雲、雨を支配し、雷音をとどろかせるために太鼓、それも七つ太鼓や八つ太鼓を叩く、と語られる。

ところで、右で紹介した話で、私がとりわけ興味深く思うのは、雷神が日頃は老翁の姿をしていて、仕事をするときに七つ太鼓を取り出し、鬼の姿になって、雷雨をつくり出すことである。このようなイメージがどうして可能になったのかを考えてみる必要がありそうに思うのである。

実は、もう十年あまりも前に、このことについて私なりの考えを述べたことがある。すなわち、雷神としての翁のイメージは、水を司るということを介して、「龍宮童子」として分類されている昔話群のなかに登場する龍宮の主人としての翁や、洪水のときに出現するという翁などと重なるのではないか、と考えたのであった。(2) いまでもそうした解釈の可能性を改める必要を感じてはいない。だが、さらにそのイメージの歴史的な奥行を探ってみるべきだと最近痛感している。というのは、すでに中世に、雷神を龍神とみる古代的形象とともに、翁の姿でも表現することがなされていたからである。

中世説話のなかの雷神のイメージ

お伽草子『秋夜長物語』に、そのような雷神が登場している。

この物語は、比叡山の僧桂海が三井寺の稚児梅若と恋におち、それがもとになって延暦寺と三井寺の間に争乱が起こり、三井寺や梅若の父の左大臣邸が焼失してしまい、これを嘆き悲しんだ梅若が入水自殺し、これを縁に桂海は真の発心をするに至るという、いわゆる稚児愛（同性愛）を素材にした話である。

この物語のなかで天狗にさらわれた梅若が、大峰山の釈迦が嶽の石牢に押し籠められていたとき、雷神の援助によって救出されるという場面がある。この雷神は、老翁の姿で梅若の前に姿を現わす。しかも、その事情がまことにユーモラスなのである。梅若が石牢に入れられていたとき、そこに淡路島から進物が天狗のもとに届けられた。歳の頃が八十歳ほどの縛り上げられた老翁であった。この翁は、雨雲の端を踏みはずして地上に転落したために捕えられた龍神で、梅若に同情して、たちまち雷となり、雷鼓（雷鳴）で地を動かし、電光を天にひらめかせて、天狗どもを追い散らし、石牢を蹴破って、梅若を雲に乗せて京へと運んでくれるのである。

物語のなかでは、その空を飛ぶ姿かたちがどうなっていたかをはっきりと述べていないが、絵巻には二つの角をもった龍の姿が描かれている。

このように、中世において、雷神を龍神とみなし、それをさらに翁の姿としてイメージする一方では、昔話に語られていたように、七つもしくは八つの太鼓を背に負った鬼としてもイメージされていた。そのもっとも古い絵画史料の一つは有名な『北野天神縁起絵巻』であろう。

この絵巻には雷神もしくはそれらしき形象が三箇所で見出される。一つは藤原時平たちのいる清涼殿めがけて雷神が降下して来た場面であり、この雷神は菅原道真の怨霊の変じたものと考えられている。もう一つは再度清涼殿に雷神が降下して近衛忠包などの廷臣を殺傷した場面で、この雷神は天満大自在天神の眷属のなかの第三の使者火雷火気毒王とされている。もっとも、そうはいうものの、絵のなかの雷神を見比べてみると、その顔つき、肌の色、褌、羽衣、太鼓のいずれも同じなので、同一の雷神のようにも思われる。

もう一つの場面は、道賢という山岳修行僧が、金剛蔵王権現の案内で冥界巡りに出発する場面である。その案内者たる金剛蔵王権現もまた黒雲に乗った角をもつ鬼であり、その姿かたちは上述の雷神と変わるところがなく、違いといえば、怒りを爆発させているわけではないからだろう、太鼓が見えないだけである。

考えてみると、たしかに、鬼たちは日頃は太鼓を所持していない。だが、怒りを発した時には、どこからか太鼓を取り寄せて、それを叩き鳴らすのだ。そしてそれはまた、人間界への出現のときでもあった。鬼たちは出現の合図として雷鳴をとどろかせ、電光をはためかせるのである。

『北野天神縁起絵巻』が制作されたのは一三世紀の頃であるが、こうした鬼の姿をとった雷神が背負った太鼓を叩き鳴らして雷音をつくるというイメージは、大陸から伝来したもので、今日まで連綿と語り伝えられ描き続けられた。たとえば、お伽草子版の北野天神縁起『菅丞相絵巻』でも鬼の姿の雷神は太鼓をちゃんと背負っており、近世初期に流行した「大津絵」にも、太鼓を地上に落とした雷＝鬼というユーモラスな絵柄が好んで描かれている。さらに幕末の「鯰絵《なまずえ》」にも、地震の象徴としての鯰、火事の象徴とし

「大津絵　雷公」（個人蔵、画像提供：大津市歴史博物館）

鯰絵のなかに描かれた雷神（「江戸信州鯰の生捕」東京都立中央図書館特別文庫室蔵）

ての火とともに、雷の象徴としての太鼓を背負った鬼が鯰と火と一緒に拳遊びをしている絵などが描かれている。つまり、雷神を、太鼓を背負った鬼とイメージすることは、あまり変化がなかったというわけである。

しかしながら、私たちが見逃すことができないのは、太鼓を背負った鬼のみが雷音、電光をつくり出していたわけではないということである。鬼たちは、太鼓を叩いたとはっきり述べられなくとも、怒りを発したときや人間界に出現するときには雷音を立て、稲妻を走らせたのだ[3]。

たとえば、お伽草子の『酒呑童子』では、酒呑童子が源頼光一党の策略のために手足を鎖でつながれて身動きがとれないままに切り殺されたとき、「雷電いかづち天地も響くばかりなり」という状態をつくり出しており、酒呑童子という鬼が雷神と通じる性格を帯びていたことを示している。

また、お伽草子『鉄輪』では、恋の恨みから鬼になった宇治の橋姫もまた、雷鳴、稲妻を鳴りはためかせながら源頼光の一党の一人渡辺綱の前に出現する。ここで注目すべきことには、酒呑童子は大蛇（＝龍神）の子とされており、橋姫は宇治川の龍神（＝水神）となって祀《まつ》られたということである。要するに、龍神と鬼と雷神は変換可能なものであって、多くの点で属性を共有していたのである。

雷神と雨乞い

それでは、雷神がなぜ翁にして鬼であるのだろうか。どうしてそうしたイメージが生み出されたのであろうか。

なるほど、中世以降、神々が示現するとき、翁もしくは童子の姿をとることが多かったので、その影響を受けたのだ、という説も立てうる。だが、もう少し検討してみる必要がありそうである。

これを解き明かす手がかりは、「雨乞い」の習俗にあるように思われる。「源五郎の天昇り」の昔話とほぼ同類の昔話群に「天に登った桶屋」というのがある。次のような話である。

夏の日、桶屋が桶を作っていた。すると急に龍巻が起こって、天界まで運ばれてしまった。

そこに太鼓をもった雷様がいた。雷様が「どこから来た」とたずねたので、「龍巻に巻かれて、下界から来た」と答えた。すると「そうか、それはいいところに来てくれた。下界では長い間、日照りが続いて、みんな困っているだろう。これから雨を降らせにかかるところだが、相棒がいなくて困っていた。ひとつ手伝いをしてくれ。おれが太鼓を鳴らしたら、お前はこの水袋から雨の種を、チクチク、ちょっとずつ播いてくれ。雨の種を、どっと播くと大水になるから気をつけてな」。

桶屋は雷様の手伝いをしながら雨を降らせた。長い日照り続きだったので、下界ではみんな喜んでいる。自分の村にはよそよりよけい降らそうと雨の種をどっと播いたら、大水になって村が流れそうになった。

これは困ったことをしたと思ったとき、雲から足を踏みはずして下に落ち、寺の五重の塔のさきに引っ掛った。大声で助けを求めて、やっと助かった(4)。

「源五郎の天昇り」とほとんど変わらない話であるが、ここで注目したいのは、桶屋が雷様を助けて雨を降らせたとき、地上は長い日照りのために苦しんでいたということである。はっきりと語られているわけではないが、このとき地上の村々では「雨乞い」の儀礼が行なわれていたはずである。だからこそ、雷様は下界の者たちが雨がなくて困っているらしいので雨を降らせようとしていたのだ。つまり人間界の要求に応じての雷雨というわけである。その要求が実って雨が降ってきたので、下界の人びとは大喜びしたのである。

そこで、私たちが想起するのは、各地に伝承されている「雨乞い」行事において、太鼓が不可欠な祭具とされていたという事実である。雨乞い行事は地方によってさまざまな形態をとっているが、雨を祈願する神格は、雨（水）を司るとみなされた龍神や雷神であり、龍神をかたどった巨大なつくりものを作って村のなかを引き回すという儀礼を行なうことで、龍神の出現を期待したところも各地でみられた。

したがって、このような儀礼的コンテキストで叩かれる太鼓の音は、龍神の出現にともなって発せられる雷の音を擬したものだといえるはずである。また、そうした龍型が作られない雨乞いであっても、雨が降ることを期待して蓑や笠をつけたり、水を司る龍神などを刺激するためだろうか、火を焚いたり、雨雲に擬せられた黒煙や雷音を象徴する太鼓の音を出したりすることがなされた。要するに、雨乞いの太鼓とは雷神の太鼓を表わしているわけなのだ。

鼓・笛の起源

民間伝承のなかに、雨乞い用太鼓の起源を雷神の太鼓に求めたような神話・伝説の類があったのではないかと思い立って書物を少し繰ってみたのだが、残念ながら満足のいくような伝承を見出しえなかった。しかし、お伽草子『玉藻前』の次のような説明に留意してみるのも無駄ではないだろう。

中国から渡来した妖狐が美女に変身して鳥羽院に近づき、その寵愛を受けることを通じて、院の命を奪い取ろうとするが、ついに陰陽師安倍泰成に見破られて逃走するというこの物語のエピソードの一つに、廷臣たちが玉藻前の学識・才覚の豊かさに驚嘆するところがある。そのなかで廷臣が、笛や鼓の起こりについて尋ねて、玉藻前がそれに答えるシーンがある。

それによると、横笛は馬融（後漢の学者）が作ったもので、馬融がある池のほとりを通ったとき、水中で龍が吟じる声を二声聞き、その素晴らしさにもっと聞きたいと思って立ち止まっていたが、龍はすぐに天に上ってしまった。そこで竹をくりぬいて吹いたところ、龍の声とまったく同じだった、と語られている。つまり、この説明によると、横笛の音は龍の声ということになる。

また、昔、笛《てき》という王が、天下に日照りが続いたのを嘆いていたとき、夢のなかで二つの笛を得た。一つは旱笛、いま一つは雨笛という。王が夢からさめて雨笛を吹けば雨が降り、旱笛を吹けば空はたちまちに晴れたという。この笛もまた天候の支配にかかわっていたことになる。

それでは、鼓はどうだろうか。玉藻前は次のように答える。「これも伏羲《ふっき》氏の作れりと申す。また、秦の穆公の作り給ふと申す。そののち、法王山（鳳凰山）に、石の鼓の鳴る時は、掻き曇りて、雨ふり候ふと申す」。伏羲とは、中国の古代神話にみえる神で、洪水のあとに、伏羲とその妹の女媧の兄妹だけが生き残ったので、夫婦になることで人類の祖先となったと伝えられる。伏羲も女媧も龍体であったともいう。

ようするに、鼓もまた龍の作ったものであり、雨をもたらす道具であったというわけである。

雨乞面の翁・猿楽の翁・大黒舞

こうして、私たちは多少なりとも、中世の人々にとって雷神の太鼓と雨乞い用の太鼓が、また雷音と太鼓の音が、たがいに深い関係にあったらしいことを理解するに至ったわけである。そこで、いよいよ私たちは、鬼と翁の置換可能の根拠を探るという作業に入ることにしよう。

私が注目しているのは、「雨乞い」において用いられる面である。地方によって、「雨乞い」のために、面を水につけたり、川に流したり、あるいはまた面をつけた芸能を演じたりする。高谷重夫[5]の研究によると、こうした雨乞面には龍面や天狗面とともに翁面や鬼面などもあったという。

たとえば、滋賀県米原市甲津原には、猿楽者が所有していたという能面が伝えられており、この面には雨を降らせる力があるとされ、「面洗い岩」という岩の上に面をのせ、姉川の水で洗うと必ず雨が降るという。その面は、翁なのであった。また、和歌山県熊野坐神社（熊野本宮）にある翁面を神主が捧げて、その髪を水につけると雨が降るという。山梨県上野原市西原にも翁面があり、これを水に浸すと雨が降ったという。岐阜県本巣市根尾能郷には古風な能狂言が伝えられており、ここの能面も雨乞いに用いられた。

右に示したのはほんの数例であるが、雨乞面の主流は翁面であり、その理由は「雨乞い」に猿楽が深く関係していたことによっているらしいのである。つまり、「雨乞い」に猿楽を奉納するのがよいとされたことがあり、その残影が村に残る猿楽面であるわけである。猿楽の翁や鬼が「雨乞い」の神事に登場するということが多かったとすれば、そのイメージが天界の雷神に反映したとしてもそれほどおかしくはない。つまり、昔話のなかにみえる翁の姿をした雷神は好ましい雷神であり、それは猿楽の翁と照応し合っており、怒れる雷神としての鬼は猿楽の鬼と響き合うという関係にあったのではなかったか。とすれば、猿楽の「はやし」は雨乞いにおいては雷神の音つまり雷音を象徴していることになる。

こうした解釈がそれほど的外れでないことは、現行の雨乞い踊りに、翁や鬼が登場するものがあることにも示されているが、もっと興味深いのは、猿楽の徒ときわめて近い立場にあった、中世末の「大黒の党」なる芸能者が「天鼓雷音の垂迹《すいじゃく》」とされていたことである。この「大黒の党」は大黒舞や千秋万歳などの門付けをして歩いた芸能者で、歴史家の丹生谷哲一の研究によれば、(6)御霊＝雷神系の祇園感神院に属する犬神人とも重なるような人々であった。つまり、彼らは、あるときは仙人（翁）の装束をつけて家々を祝福して回るとともに、あるときはケガレをになって追放される鬼の役を演じる人々であった。そして、その「はやし」が雷音を象徴していたわけである。

逆のいい方をすれば、こうした人々が各地の「雨乞い」に関与し、猿楽や風流などを広め、そこから翁面の信仰や翁としての雷神のイメージが広がっていったのではなかったか。

それが流布する過程で、どこまで大黒の党や大黒舞、大黒天信仰がかかわっていたかは明らかでない。だが、福の神としての大黒と恐ろしい鬼の持ち物の双方をみてみると、打出の小槌や隠れ蓑などが重なりあっていることが注目される。両者の間には深い関係があったように思われるのである。

もうすでに紙面が尽きてしまったが、鬼と太鼓の関係をさらにたどってゆくことによって、意外な文化史が解き明かされるような気がしてならない。

注

(1)佐々木喜善『江刺郡昔話』(郷土研究社、一九二二年)。
(2)小松和彦「民話的想像力とその背景」(『神々の精神史』北斗出版、一九八五年)。
(3)小松和彦「雨風吹きしほり、雷鳴りはためき……」(『ｉｓ』第三五号、一九八七年、本書に所収)。
(4)水沢謙一『昔あったてんがな』(長岡史蹟保存会、一九五六年)。
(5)高谷重夫『雨乞習俗の研究』(法政大学出版局、一九八二年)。
(6)丹生谷哲一『検非違使』(平凡社、一九八六年)。

蓑着て笠着て来る者は……
——もう一つの「まれびと」論に向けて

今も土佐國の小児、手々甲《ぜぜがかう》といふことをするは、いたく違へり。人をおどすわざにはあらで、小児集まり、互いに手をくみ合せ、手の甲を互に打ながめ、向ひ河原でかわらけ焼は、五皿、六皿、七皿、八皿、八皿めにおくれて、づてんどつさり、それこそ鬼よ、蓑着て笠きて来るものが鬼よ、とつこれをいひつゝ、手の甲を打なり。その終にあたる者を鬼と定む。これいづくにてもする鬼定めなり。

——喜多村信節『嬉遊笑覧』巻六下「児戯」

「まれびと」としての鬼

かつて日本には「鬼」と呼ばれるものが存在していた。

日本人がいだくこの鬼の典型的なイメージは、姿かたちは人間に似ているが、筋骨たくましく、肌の色は赤や黒や青といった原色をしていて、頭に角をもち、虎の皮のふんどしを着け、手には金棒をたずさえている、というものであろう。たしかにその通りなのだが、鬼の登場する絵画や物語などを多少とも検討してみると、こうしたイメージとは相当異なった鬼がたくさんいることに気づく。鬼の多様性は、鬼とはなにかを考えようとする私たちをひどく困惑させる。だが、むしろそうした多様性がみられるからこそ、鬼らしく思われ、また私たちの心を強くひきつけるのだろう。

鬼とはなにか。本書でも繰り返し問いかけてきたが、これにひと言で答えることは難しい。ここでの私のとりあえずの考えを述べれば、鬼とは人間の分身である、ということになる。鬼は、人間がいだく人間の否定形、つまり反社会的・反道徳的人間として造形されたものなのだ。

一般にいわれている鬼の属性を少し列挙しただけでも、そのことがよくわかるはずである。人を食べる、人間社会を破壊する、人に恨みをいだき殺そうとする、夜中に出没し、子女や財宝を奪い取っていく、酒を好みいつも宴会や遊芸・賭けごとに熱中する、徒党を組んで一種の王国をつくっている、山奥や地下界、天上界に棲んでいる……。

こうした属性はいずれも、人間それも社会的・道徳的人間の否定項として挙げられるものである。したがって、人が鬼の属性とみなされるような立ち振舞いをすると、その人は人間ではなく鬼とみなされることになる。

このようにみると、鬼とは、実は人間という存在を規定するために造形されたものだということがわかってくる。日本人は、個としての人間の反対物として鬼を想定し、人間社会の反対物として鬼の社会を想定し、そうした反対物を介して、人間という概念を、人間社会という概念を手に入れたわけである。このために、人々は人間社会の「外部」に棲むという鬼についての数多くのストーリーをつむぎ出してきたのだった。

地獄の獄卒としての鬼。今日の鬼のイメージをほぼ備えている（『国宝 北野天神縁起絵巻 承久本』［巻八 無間地獄］北野天満宮蔵）

鬼とはまず恐ろしい姿かたちをした、したがって忌避し排除すべき存在であった。しかしながら、人間にとって必要な存在でもあった。鬼がいなければ人間という概念が成り立たないからだ。それゆえに、人々は絶えず鬼を人間社会に登場させ、そして社会から排除したのだ。すなわち、日本人にとって招かざる客であるがゆえに、招かざるをえない客であったということになる。日本人は、鬼を必要とし、鬼とともに生きてきたのである。

鬼は異界からやってくる。人間の求めに応じてやってくる。排除され追放され退治されるためにやってくる。それは、いうならば、もう一つの「まれびと」であった。そこに鬼の魅力がかくされているように思われる。[1]

鬼を忌避する

「備後国風土記」の逸文として「蘇民将来《そみんしょうらい》」の話が伝えられている。この話は、疫隅《えのくま》の神の社の縁起という形をとっており、流行病をひき起こす神を祀《まつ》ったものだということは社名からわかる。神名を武塔神《むとうのかみ》という。[2] 話の概要は、次のようなものである。

昔、北の海に住むこの神が南の海に住む海神の娘のところによばいをしに出かけた途中、日が暮れてしまった。ちょうどそこに二人の兄弟の家があった。兄の蘇民将来の方はとても貧しく、弟の将来（後の文献では巨旦《こたん》将来とある）の方はたいへん裕福であった。神が弟の家に宿を乞うたが断わられ、兄の家をたずねたところ快く歓迎してくれた。

数年後、八人の子とともに立ち寄った武塔神は「弟の将来の家を滅ぼすが、その家にお前の子孫はいるか」とたずね、「娘が一人いる」と答えたところ、「茅《ち》の輪を、その娘の腰につけよ」と教え、その娘一人を残して弟の一族をことごとく滅ぼしてしまった。そして「私はスサノオの神である。後の世に疫病が生じたとき、蘇民将来の子孫と唱えて茅の輪を腰に着けた者はその被害をまぬかれるだろう」と告げた。

この説話はこれまで「まれびと」歓待の説話として研究者に注目されてきた。「まれびと」＝武塔神を歓待したものは神の恩寵を受け、「まれびと」を忌避・排除したものは神の制裁を受ける、というわけである。

しかし、別の観点つまり悪霊＝鬼神の来訪としてもこの説話を読み解くことができるだろう。この話に語られる武塔神は流行病の神であり、人々を病気にしたり死なせたりする神である。したがって、弟の（巨旦）将来がこの神の来訪を忌避したのは充分うなずけることである。これに対して、蘇民将来の方は流行病の神をもてなして喜ばせ、快く神が退散することを願ったわけである。

こうした解釈が妥当なのは、この武塔神がスサノオであると名乗り、後世では牛頭天王とも呼ばれて、祇園社に祀られていることに示される。祇園社も疫病神を祀った社であり、御霊＝祟《たた》り神を祀った社であった。しかも、今日なお民間に残る茅の輪くぐりの行事や蘇民将来の札を戸口に貼るといった習俗は、流行病の来訪を忌避しようとする心意に支えられており、それを歓待することで退散を願うという心意ではないように思われるからである。つまり、この説話には、悪霊の来訪を「物忌み」によって避けようとする方法と、これを「歓待」することで退散してもらおうとする方法の、二通りの対処法が示されているのである。

いささか強引な解釈であるかにみえるかもしれない。だが、後世の「祇園牛頭天王の縁起」をみると、決して的はずれの解釈でないことがわかるだろう。「祇園牛頭天王の縁起」はいくつかのヴァージョンがあるが、ここでは東北大学図書館蔵のテキストに依りながら、その内容をみてみよう。

豊饒国の王武荅（武塔）天王の王子は牛の頭をもった不思議の太子であったので、牛頭天王とも呼ばれた。后を求めたが、その姿に恐れをなして誰一人后になるものがいなかった。そこで牛頭天王は家来を引き具して、龍宮に住む沙竭羅《しゃから》龍王の姫波利采《はりさい》女《め》を后にしようと龍宮へ向かうことにした。

その途中、日が暮れて人に、古端将来という長者の家があることを教えられる。そこで古端将来の家に宿を乞うたが、「是は貧者にて候間、思もよらぬ事なり、この道の末に、有徳なる人の候、其にて、御宿を、めされ候へ」と断わった。これを聞いた牛頭大王は蹴殺してやると怒り狂うが、家臣が后を迎えに行く途中だとなだめて、貧しいながらも慈悲ある蘇民将来の家に宿を取った。そして宿を借りた礼にと、蘇民将来に望みのものがなんでも出てくる牛玉という宝を与えた。

龍宮入りをした牛頭天王は波利菜女を妻としてそこに住むこと八年、七人の王子と一人の王女をもうけて、妻子とともに帰国の途についた。

そしてまた旅の途中、蘇民将来の家に宿をとり、「見る目」と「聞く鼻」の二人の眷属（妖怪の類）に古端将来の家の様子を探らせる。古端将来の家では、古端が心にかかる事があると博士（陰陽師）を招いて、占いをさせているところであった。博士の占いによれば、牛頭天王が三日の内に攻めてきて、古端将来の一族郎党をことごとく滅ぼす、という。これを聞いて嘆き悲しんだ古端将来は、我身に生じる災厄を他人の身に生じるようにする身代りの祭りをして欲しいと頼むが、博士はそのようなことはできないと答え、「千人の法師を請て、大般若経を、七日、夜《よ》る日《ひ》るの間、読奉り候はば、此難遁《のが》るべきか」と教えて立ち去った。

教えの通り、千人の法師を招いて大般若経を読ませると、六百巻の大般若経が高さ四十余丈、六重の鉄の築地と化し、箱は上の蓋となって、古端の家を取り囲んだ。これを聞いた牛頭天王は八万四千の眷属に、鉄の築地をよく調べよ、千人の法師のなかに目にキズのある法師がおり、その法師が経文の文字を一字でも読み落とせば、その文字の部分が窓となって侵入することができる、と命令する。案の定、文字を一字読み落としたために、築地の鉄の窓があいていた。そこから侵入した眷属たちは古端将来たちを蹴殺してしまった。

こうして、古端将来の家は滅び、蘇民将来の家は「今より後は、蘇民将来より初めて、末世に至るまで、蘇民将来可子孫と号せん者は、無病、平安にして、寿命長遠、福寿増長也」と牛頭天王の加護を受けるようになったという。

この説話の作者の立場は牛頭天王の側にある。天王の側から人間の世界をみたとき、古端は自分を無視した不届な者であるから滅してしまうべき人間であり、これに対して蘇民将来は自分に親切にしてくれたので祝福してやるべき人間、と考えたのだ。では、人間の側に立ったときはどうだろう。古端将来にとっては牛頭天王は恐しい鬼神＝悪霊であり、蘇民将来にとっては福の神であるということになる。

ところで、私の興味をひくのは、古端将来が牛頭天王の攻撃から身を守るために、まず博士を招いて胸さわぎの原因を明らかにしてもらい、その攻撃から身を守るための方法を教えてもらっていることである。しかも、その方法は、悪霊退散の修法、物忌みという方法であった。ようするに、古端将来は千人の法師の読経で身囲い・家囲いとしての呪的垣根を張り巡らして身を守ろうとしたのである。

さらに興味深いのは、ちょうどこのときが十二月の末であり、正月十五日の間、人々は牛頭天王の命令で、古端将来を呪詛したというのだ。しかもその呪詛の道具が正月の食物や門林（門松）、年縄といった正月をしるしづけるものであったと語っている。つまり、古端将来は、牛頭天王の恨みを買って呪われたのであり、大般若経の修法は呪詛祓いであったのだ。

注意しておきたいのは、牛頭天王が古端将来を呪い殺そうとしたとき、古端の側は悪霊祓い、悪霊調伏の法で対抗し、もし千人の法師の一人が文字を読み落とすことがなければ助かったかもしれない、ということである。博士から、古端将来はこう告げられているのだ。「千人の法師を請て、大般若経を、七日、夜《よ》る日《ひ》るの間、読奉り候はば、此難遁《のが》るべきか(3)」と。

これと同様のモチーフをもった、しかし神（悪霊）の側からではなく、人間の側から描いた物語として思い起こされるのは、橋姫伝説に素材を求めているお伽草子『鉄輪』である。

山田左衛門国時の妻が、夫に新しい女が出来たことを深く嫉妬し、鬼になって取り殺したいと思うほどであった。そしてとうとう貴船の神の教えに従って望み通り恐ろし気な鬼女となり、夫の屋形に向かう。

ところが、夫の左衛門は、夢見が悪いのを不審に思い、天文の博士（陰陽師）安倍晴明に夢占いをしてもらう。晴明が占い判じたところ、「女の怨みを買い、今夜のうちにも命を落とすかもしれない」ということがわかる。左衛門を不憫に思った晴明は「祈念によって命を転じ変えてあげるから、あなたは宿に戻り、身を清め、部屋に引き籠《こ》もって、不浄の心をいだくことなく、ひたすら観音の呪を唱えなさい」と物忌みするように教え、晴明はかんたんを砕いて、鬼神退散の祭儀を執り行なう。

その効果があって、物忌みする部屋に侵入してきた鬼女が夫を引っ立てようとしたそのとき、夫の枕もとにいた三十番神が「妄霊鬼神はけがらわしや、いでよいでよ」と攻め立てた。このため、さしもの鬼女もたまらず退散し、左衛門は命拾いをしたという。

古端将来は牛頭天王の宿乞いを断わったためにその攻撃を受け、悪霊退散の修法＝物忌みをしたが、修法のミスから取り殺された。これに対し、山田左衛門は新しい女を作ったために、鬼と化した古い妻に取り殺されそうになるが、晴明の悪霊退散の祈念の力と物忌みによって一命をとりとめる。もし古端将来が晴明ほどの博士をやとっていたならば、ひょっとして命を取りとめたのではなかったか、と思うほど両者の差は微妙であるかにみえる。

お伽草子『羅生門』にも、物忌みの様子が描かれている。鬼の手を切り落して持ち帰った渡辺綱は、鬼が手を取り戻すために再び攻撃してくるのではないかと考え、博士を召して吉凶を占ってみたところ、「鬼の手をば朱の唐櫃に入れ、戌亥《いぬい》の隅の蔵におさめ、注連飾して、七日の間仁王経を講じ給へ。御殿の庭には十二人の宿直人を置き、一時づつ代りて、十二人《（マヽ）》の方に向って、蟇目を射て守護し給へ」と判じた。そこで博士の教えの通り、門戸を閉じ、不浄の者の出入りをかたく忌み、宿直人をすえ、弓の弦音（蟇目）を休まず鳴らして、物忌みしていた。ところが六日目に、鬼が頼光の母に化けて来訪し、気を許した綱から鬼の手を奪い返してしまう。

すなわち、ここでは物忌みを守らなかったために鬼の侵入を許してしまっており、古端将来の話の方に近い。

こうした悪霊退散の儀礼と物忌みの話は数多く伝えられている。日本人の鬼や悪霊の来訪に対処する方法は、こうした方法が一般的であった(4)。

では、牛頭天王に祝福された蘇民将来のように、鬼を歓待することでその攻撃をかわすという方法はどうだろうか。すでに述べたように、「蘇民将来の子孫也」と唱えて、疫病にかかることを逸れようとする人々も、牛頭天王＝スサノオ神を歓待してはいない。蘇民将来であっても、来訪者が疫病神であることがあらかじめわかっていたら、はたして宿を提供したかどうか怪しいものである。むしろこの話は蘇民将来の慈悲ある人柄を強調するために語られているとみるべきであろう。慈悲の心があれば、鬼神も心を動かされることがあったのだ。

これまでに紹介した物語からも明らかになったと思うが、鬼の登場、鬼の発生は、人間に対する怨みにあり、しかもそうした鬼を描くことで、人間とはいかにあるべきかということが、それとなくわかるようになっているのだ。読者もおそらく人間という存在について少しは思いを巡らせたのではなかろうか。

ところで、異界から来訪した鬼たちを歓待し饗応することで退散してもらうといった対処の方法を描いた物語があってもよさそうに思われる。しかし、私は残念ながらそうした話をすぐに想い浮かべられないのだ。もっとも、それらしき話は多少思い出してみることはできる。

たとえば、『今昔物語』に、陰陽師賀茂保憲が幼い頃、父の忠行に連れられて祓い殿で悪霊祓いをするのを見ていたとき、恐ろし気な人間とは思われない者が、二、三十人ほど出て来て、供え置いた物を取って喰い、造っておいた（紙製であろう）船や車や馬で四方八方に引き上げていったのを目撃したという。すなわち、鬼は食物を与えられると、退散したのである。

折口の「まれびと」論で「まれびと」に制圧される「土地の精霊」に分類される邪悪な神霊たちに対しての人々の饗応も、考えようによっては悪霊歓待説話とみることもできる。たとえば、古代神話にみえる生贄《いけにえ》を要求するヤマタノオロチや、『今昔物語』にみえる生贄を要求する猿神、あるいは説経やお伽草子「松浦長者」の大蛇（龍神）などは、年に一度、村落に姿を現わし、人々を恐怖させ、生贄という饗応を受け取って去っていく。つまり、異界からの好ましくない「まれびと」なのである。そして、ここでは年一度の来訪とそれに対する人々の歓待がなされる限り、悪霊は人々に危害を加えず、共同体の秩序は保証される。つまり悪霊が生贄を受け取ること、食物を受け取ることが、ある意味で共同体の祝福であったともいえるだろう。

鬼に扮する

お伽草子『熊野の本地』に、鬼の来襲に驚いた善財王が最愛の后善法女御を捨てるというエピソードが描かれている。この部分に関しては別のところで、呪詛という観点から多少詳しく吟味したことがある(5)。ここでは、鬼というテーマに即してみよう。まず、この場面に至るまでの経緯をみておくべきだろう。

善財王には千人の后がいたが、千人目の五衰殿に住む善法女御が大王の寵愛を一身に受け、懐妊するに至ったことに嫉妬した九百九十九人の后たちが、あれこれと陰謀を巡らした。鬼の来襲もその一つであった。杭全《くまた》神社所蔵の絵巻からその部分を引用してみよう。

さて、二、三日有りて、妃たちは集まりて評定し給ふこそ恐ろしけれ。百歳ばかりの、嫗の色黒く、丈高く恐ろし気なるを、九百九十九人揃へて、皆々、赤き物を着せ、色々、恐ろし気なるいでたちをさせ、手には笏拍子をもたせ、夜半ばかりに大王の坐します五衰殿へ押し寄せ、叫びけるは、悪王をはらみける物に添う上、天下に七難起

999人の后の配下の者が、鬼に変装して五衰殿に乱入する（『熊野の本地絵巻』杭全神社蔵）

こりて、月日の光も失せ果てて、十万の眷属今宵のうちに、われら、皆々取り失なひ、明日の巳・午の時に、大王の御たぶさを空に取り上らんに、急ぎ急ぎもとの殿上へ帰らせ給へ、と恐ろしき声を揃へて、九百九十九人の女ども、妃の教へのごとく喚めき叫び呼ばはりければ、大王、大きに驚き給ひて、妃に申給ふやう、哀れなるわざかな、おのづから子といふ物をもたざるに、嬉しと思ふところに、空より鬼ども降り来たりて眷属を皆々失なはんことこそ悲しけれ。

こうして后たちの企てはまんまと成功し、大王は女御のもとを去り、そして山中に誘い出された女御は殺害されれてしまうのである。この場面で私たちの注意を引くのは、大王や善法女御たちから、本当の鬼たちが空からやってきて、この世を滅ぼそうとしている、と受け取られていることである。その限りでは、牛頭大王の来襲を受ける古端将来や鬼の来襲に備える渡辺綱と立場はそれほど変わらない。大王が物忌みをしたり鬼神退散の儀礼に及ばないのは、大王が女御のもとを去れば鬼の攻撃はないとの条件があり、それに従って大王が五衰殿から去れば、鬼の攻撃を避けられる、と大王たちが考えたからである。

だが、実際は、鬼に扮した女たちが五衰殿に押しかけて騒いでいたのである。この正体を知っているのは九百九十九人の后の側であり、読者なのである。

鬼は古くは人に姿がみえない存在であったが、時代が下るにつれて、その姿を目撃する人々が現われてきた。そしてその鬼に扮することもやがてなされるようになったのだ。大東急文庫蔵『熊野の本地』には、はっきりと「鬼の面の恐ろしからんを着て」とあって、九百九十九人の女たちは、鬼の面を被って五衰殿に押しかけている。『熊野の本地』が制作された中世後期には、鬼面を多用する猿楽が成立しており、鬼面を用いた芸能や儀礼の影響を受けて、こうしたエピソードができていることは容易に推測しうるであろう。お伽草子の『磯崎』はそのことを如実に物語っており、夫が新しい妻を迎えたことに嫉妬した古い方の妻が、猿楽師から借りた鬼面を着け打杖をもって、新しい妻を襲い、なぐり殺してしまう。

鬼の面がいつ頃から制作されるようになったかはわからない。しかし、おそらくは平安後期のことではなかったろうか。というのは、この頃から、奈良や京都の寺院で行なわれていた修正会に、鬼が登場する儀礼が執り行なわれるようになっていたからである。修正会に登場する鬼について詳細な研究を展開した能勢朝次の『能楽源流考』(6)によれば、たとえば、大治五年(一一五〇)正月十四日の円宗寺の修正会の結願の日に、龍天、毘沙門天、鬼走りの三役による儀礼が執り行なわれている。仁安二年(一一六七)正月十四日の尊勝寺の修正会でも、建久二年(一一九一)正月十八日の蓮華王院の修正会にも、龍天、毘沙門天、鬼が登場する儀礼が組み込まれていた。

この龍天と毘沙門天と鬼が登場する儀礼は、追儺《ついな》式であって、能勢朝次は「龍天に扮した者が、東西の両方より出て相舞のやうな舞を舞ひ、次に毘沙門天に扮した者が東方より出て舞ひ、最後に鬼に扮した者が出現するといふ順序である。そして鬼を打拂ふ者は毘沙門天ではなく、参詣の者が杖で以てこれを打つたと思はれる」と述べている。しかし、後には、龍天や毘沙門天も鬼を追ったようである。

ここで疑問に思うのは、仏教の神々のなかでいかなる理由で龍天と毘沙門天が鬼を追うにふさわしい神格とみなされたかということである。龍天については定かな理由はわからないが、毘沙門天については、中世において鬼を調伏する呪力をもった仏神としてもっとも人々に信じられていたことによっているようである。『今昔物語』にも、毘沙門天のおかげで、鬼の難を逃れた僧の話がみえ、お伽草子の『貴船の本地』にみえる節分の起源譚でも、鬼を封じ退散させる方法を人々に教えるのは毘沙門天であった。

ここで注意しておきたいのは、この追儺式の開始にあたって「乱声《らんじょう》」と称する、龍天、毘沙門天、鬼の三者の登場を告げる騒音が発せられたことと、一部の寺院では一種の賤民である散所法師つまり後の猿楽法師に連なる人々などが鬼役をする者として定められるようになっていたということであろう[7]。

『熊野の本地』にみえる鬼に扮した九百九十九人の女たち（「高女」と呼ばれることがある）が鬼の出現を告げる騒音を発する道具ともいえる笏拍子は、この乱声に相当するといっていいだろうし、『磯崎』にみえる猿楽師も、鬼役をする散所法師に類する者であったのだ。

こうした修正会の追儺式は今日でもなお行なっているところがある。たとえば、京都の相楽郡南山城村の観音寺では、正月六日の朝、子どもたちの手で「縁たたき」と呼ぶ乱声がなされる。奈良県吉野郡野迫川村の地蔵堂（徳蔵寺）では正月三日の夜に「シシオイノオコナイ」と呼ぶ修正会の鬼踊りがあり、京都の清水寺の西にあった念仏寺では、明治の末まで正月二日の夜、「天狗の酒盛り」ということが行なわれ、土地の人々が本堂で酒をくみかわしての宴のあと、杖で本堂の床や扉をたたき、法螺貝を吹き、太鼓を打ち鳴らした。奈良県五條市の念仏寺では、正月十四日の夜、「ダダオシ」と呼ばれる鬼走りの行事があり、赤鬼の面をつけた父鬼、青鬼の面をつけた母鬼、茶色の面をつけた子鬼が登場し、このとき青年たちが内陣と後室の仕切りの板戸を思いきりたたく[8]。

こうした今日に残る修正会の乱声や鬼踊りについて、五来重の仕事によりながら、高取正男は、次のように述べる。「修正会や修二会のオコナイに含まれる乱声や鬼踊りは、素朴な民俗行事として村落や都市の一隅にあるのではない。国家の大寺とされてきた有名寺院の、護国の法会としてのオコナイに、その原型とよべるものがみられる」[9]。

ところで、修正会の結願の日に行なわれる追儺式での鬼も、やはり排除され追放される鬼である。そうした鬼を人間が演じたのだ。つまり儀礼としての鬼追いが平安時代末から今日まで続いてきたわけである。

また、高取正男は、修正会の追儺（オコナイ）と、猿楽起源説話として伝えられる世阿弥の『風姿花伝』のなかの提婆達多《だいばだった》の物語との関連を見出そうとしている。

その話とは、昔、釈迦如来が天竺の祇園精舎で説法をしたとき、釈迦の従弟で仏敵となった提婆達多が一万の外道を率いて、木の枝や篠の葉に幣《ぬさ》をつけて振り、踊りさけんで邪魔をしたが、六十六番の物真似をしたところ、外道たちは物真似に見入って静かになった、この物真似から猿楽が始まった、というものである。

この外道の来襲のさまは、五衰殿に押し寄せた九百九十九人の鬼に扮した女たちを思わせるところがあり、騒音を発したという部分は乱声を思わせる。また、古くは修正会の鬼は達多の鬼とも称されることがあったことは意味深いであろう。こうした排除され追放される鬼の儀礼の延長上に、私たちがいまなお家々で行なっている「節分」があるわけである。

修正会の鬼も節分の鬼もけっして人々を祝福するために来訪するのではない。それは排除され退散させられるために招き寄せられるのである。もっと正確にいえば、一年のうちでいつ訪れるかもしれない鬼の来訪、来襲を避けるために、あるいはすでに人間社会に侵入して犠牲となる者を探し回っている鬼たちを追放するために、そうした鬼を儀礼的に演じることであらかじめ排除してしまおうとの考えから、この鬼の儀礼が設定されたのである。

ところで、有名寺院や地方寺院で行なわれる修正会や修二会の追儺式について、私たちがとくに留意したいのは次の点である。

まず、基本的にはここに登場する鬼は恐ろしい鬼で、龍天や毘沙門天あるいは人々によって打ちすえられ、追い立てられて退散することになっている。僧や人々の歓待を受け、酒や食物や金銭などの饗応を受け、人々を祝福してなごやかに立ち去るわけではない。つまり、鬼は終始、邪悪な来訪者として位置づけられているのである。人々が鬼に喜びを感じるのは、まさに鬼が打ちすえられて退散していくときである。鬼の退散——それは社会や個人の体から邪悪なもの、ケガレたものが消え去ってハレの状態がもたらせられたことを象徴しているからである。鬼は社会や個人のケガレを一身に背負って退散するのだ。

鬼が出現し暴れ回っているときに立てられる騒音つまり「乱声」も見逃せない要素である。それは鬼の出現を表わす音であるとともに、鬼の出現によって社会が無秩序の状態にあることを象徴する音でもある。この乱声＝騒音について、これまでは悪霊を祓うための音であろうと理解されてきた。そうした解釈も可能であるが、『熊野の本地』の九百九十九人の鬼たちが笏拍子などで騒音を立てて出現していることや猿楽起源説話の提婆達多らの外道たちがやはり騒音を立てて釈迦の説法を妨害しているといったことを合せて考えると、やはり悪霊出現の音と解するのがもっとも妥当であろう(10)。

もう一点注目しておきたいことがある。それはこうした修正会の追儺式の多くが正月、とくに十五日の小正月の日の前後に集中して執り行なわれていることである。修正会の追儺から派生した節分の鬼追い・豆まきも、この日を年越しの日とする観念に基づいている。すなわち、修正会の鬼は一年に一度、正月に来訪する邪悪な「まれびと」、排除されるために来訪する「まれびと」であった。鬼に扮する儀礼によって、人々は時を定めて鬼を登場させ、そして退散させることが可能となったのだ。

さらにもう一つ指摘すると、こうした諸寺院の修正会のなかには、鬼走りや鬼踊りの役をする鬼座や家筋などが定められているところがあったことである。古くは散所法師もそうした鬼役を務めたことが注意を引く。こうした鬼役の家筋の人々のなかには、自分たちを鬼の子孫とする伝承をもつものもあった。たとえば、書写山の円教寺の修正会の鬼踊りは開山性空上人に従っていた護法童子の子孫と伝えられる者によって演じられている。鬼役の存在はさらに探求してみるべき大きなテーマであろう。

鬼は正月に来訪する「まれびと」であった。だが、この「まれびと」は、「まれびと」という概念を創り出した折口信夫が考えていた「まれびと」とはあまりにもかけ離れている。これは折口の「まれびと」を逆立ちさせた「まれびと」、裏返しにされた「まれびと」である。

折口にとって、「まれびと」とは異界から来訪する善なる神霊である。「まれびと」はこれを迎える人間の側の「あるじ」の饗応を受け、人間を苦しめる「土地の精霊」（悪霊）を鎮撫、制圧する。こうした「まれびと」観念をもっともよく表現しているのが、古代のスサノオ神話である。天から出雲に下ったスサノオは国津神（大山住命）に迎えられ、ヤマタノオロチを退治し、クシナダヒメを妻とする。すなわち、この神話ではスサノオが「まれびと」、国津神が「あるじ」、ヤマタノオロチが「土地の精霊」、そしてクシナダヒメが饗応の品の代表ということになる。(11)

ところが、修正会の鬼のような来訪神は、まったく逆転した構造を示す。異界から来訪する神霊は制圧されるべき邪悪な「まれびと」で、「土地の精霊」にあたる人間の側に立つ龍天、毘沙門天がこの邪悪な「まれびと」を退治するのである。したがって、「土地の精霊」は善なる神霊ということになる。また「あるじ」に相当する儀礼の祭主は、天皇や貴族たち、あるいは村びとたちであって、彼らは邪悪な「まれびと」を恐れ、龍天や毘沙門天を頼りこれを深く崇拝する。つまり、折口の「まれびと」―「土地の精霊」―「あるじ」の関係のあり方がまったく逆転してしまっているのである。

折口自身はこうした逆転は「まれびと」信仰の衰退・零落によって生じたと考えた。しかし、それは正しくないだろう。これまでみてきたように、日本人が人間および人間社会という概念を成り立たせるために、その反対物として古代から悪霊の観念をもち、それを「鬼」という造形を通じて固定・定着してきたことからわかるように、いつの時代にあっても想定されていたもう一つの「まれびと」なのである。それは善なる「まれびと」と対になって存在し続けてきた信仰概念といえるものなのである。

「ナマハゲ」の鬼――その二面性

著名な寺院や地方寺院の修正会の鬼は、小正月の頃の晩に出現した。これとほぼ同じ小正月の晩に、民俗社会でもさまざまな「まれびと」に混じって鬼が登場する儀礼を行なうところがあった。民俗社会は江戸や京、大坂などの都市社会と農山村の村落社会に大別できる。このいずれにも鬼が登場する儀礼があるのだが、都市の鬼、それも排除される邪悪なイメージを強調した鬼（これは疫病神に代表される）の儀礼については、高岡弘幸の論文(12)などで紹介されているが、ここでは農村部の、それもやはり小正月の晩の頃に登場する鬼の儀礼に目を向けてみよう。その代表が有名な秋田県男鹿半島の「ナマハゲ」である。

「ナマハゲ」は民俗学ではいわゆる「小正月の来訪者」と呼ばれる儀礼・芸能に分類されている。しかしながら、坪井洋文(13)や伊藤幹治(14)などが指摘しているように、その内実はまことに多様である。すなわち、一方には明らかに家々を祝福するためにやってくる善なる神霊と考えられる者の来訪儀礼があり、その対極として明らかに恐ろし気な仮面を着け乱暴を働く邪悪性を強調している鬼・悪霊の来訪儀礼があって、これをひとまとめに「小正月の来訪者」としていいものか疑問に思われるほどである。

鬼などの恐ろしい神霊が来訪してくる儀礼と考えられるものは、男鹿半島の「ナマハゲ」のほか、同じ秋田県下では、「ナマメハギ」「ナモミハゲ」「ヤマハゲ」といった行事があり、県外では山形県遊佐町の「アマハゲ」、石川県能登半島の「アマメハギ」、新潟県村上市の「アマメハギ」、岩手県の「スネカ」、岩手県釜石市の「ナナミ」などがある。ここではとりあえず、こうした小正月の晩に行なわれる、鬼もしくはそれに類する恐ろしい仮面・異装の行事をナマハゲ系儀礼と呼ぶことにしよう。

ところで、男鹿半島の「ナマハゲ」についてもっとも古い記録を残したのは菅江真澄である。彼は文化八年（一八一一）正月十五日の晩に、美夜差波（現男鹿市野石字宮沢）で見聞した「ナマハゲ」を、『牡鹿の寒かぜ』のなかに次のように記している。

夕ぐれふかう、灯火とり爐のもとに円居してけるをりしも、角高く、丹塗の仮面《ヨモテ》に、海菅といふものを黒く染なして髪とふり乱し、肩蓑《ケラ》といふものを着て、何の入りたらんか、からくと鳴る箱ひとつをおひ、手に小刀を持て、あといひてゆくりなう入り来るを、すはや生身剝《ナマ(ミ)ハギ》よとて、童は声もたてず人にすがり、ものゝ陰ににげかくろふ。これに餅とらせて、あなおかな、泣などおどしぬ。

菅江はまた、この「ナマハゲ」を描いたさし絵に添えてさらに詳細な解説を加えている。

正月十五日の夜深く、わかき男ともの集り、鬼の仮面、あるはいふ可笑《ヲカシ》とて空吹の面《ヲモテ》、あるは木の皮の面に丹ぬりたるをかけて、螻蓑といふものに海菅てふ艸を黒塗としてふり乱し、手に小刀を持て、小筥の中に物ありてころ〳〵と鳴るを脇に掛て、たゝむきをいからし、蒲のはきまき、海菅のはきまきに雪沓をさしはき、人の家にゆくりなう飛入りてけれは、あなをかな、なまはきの来るとて、童の聲も得たてす迯まとひかくろふ。

奈万波義は寒さにたへず火に中《アタ》りたる脛に赤斑のかたつけるをいふなり。この火文《ヒカタ》を春は鬼の来て剝き去るちふ諺のあるにたくへて、しか鬼のさまして出ありく生身剝《ナマミハキ》ちふもの也。中國にて、かんことて元興寺の鬼をいひ、陸奥なとにて、もつことて蒙古國の襲ひ来るをいひ、此あたりにては生剝をいひて童をすかしぬ。

菅江真澄が描いた近世末のナマハゲ行事（『男鹿の寒風』秋田県立博物館蔵）

近世末期に行なわれていた「ナマハゲ」行事をまことに生き生きと要領よく記録しており、この記事を読むだけで、このナマハゲが恐ろしい鬼の類だとわかるはずである。板沢武雄が報告した釜石市付近の「ナナミ」と称する仮面・異装の行事も、これとほぼ一致する行事であった。

自分の郷里釜石町付近で、旧暦正月十五日の行事の一つにナナミというふものがあった。警察の制止があって此頃はもう絶えて居る。村の若者連中が、神楽面の中から山の神や般若のやうな怖いものを選んで被り、腰には必ずチンダイと謂って、門松の張った大きな注連飾りを横綱見たやうに巻きつけ、突然家の一方の雨戸などを開けてあばれ込むのである。形相と云ひ聲と云ひ縮み上る程怖いものであった。家の子供召使の者などの、日頃の悪事悪癖を發いて責める。自分などもよくノサバル（甘える）かどうかと言ってさいなまれたことを記憶して居る。そして結局は餅と銭とを上げて詫びをして帰すのであるが、これは村人の風儀の矯正に権威と実効とを有して居たやうである。尚この大ナナミに対して小ナナミと謂ふがあった。子供等が幾組も隊を作って玩具の面を被り、小さな笛をピー〳〵鳴らして家々をあるいたが、是は単に門祝ひの類であった。ナナミの語義は不明であるが、或地方ではナマミタグリなどゝいふもあって、ナナミは即ちナマミの転訛であらうか。此地方では小正月のナナミに限らず、弘く鬼とかおばけとかの意味にもナナミと謂ふが、此方は通例はガンボウと謂って居る。山を越した遠野郷に行くと、ガンボウのことをモッコとも謂って居る。或人は蒙古を怖れた名残りかなどとも言ったが、それは決して確かでは無い。此地方で鬚の多い人をヒゲモッコなどと謂ふのは、此と縁のある方言であらう。(15)

こういったナマハゲ系来訪神行事の報告からわかってくるのは、この系統の行事に登場する神霊が、人間に危害を加えたり人間社会を破壊したりする可能性をもった邪悪で恐ろしい鬼もしくはそれに類する悪霊・妖怪と考えられていたことである。

こうした悪霊来訪儀礼は、古代から中世に流布した鬼・悪霊の来襲を描いた説話や修正会の追儺式の影響を受けてつくられた儀礼だと推測されるのだが、その経緯を明らかにすることは今日では充分にはできそうにない。しかし、多くの点で共通した特徴を示していることは指摘できるだろう。

まず扮装であるが、多くは鬼面を被り、天狗面や獣面を着けたりするところもある。鬼の面と称しつつ角のない面もある。これをもってナマハゲ系の神格をもとは鬼でなかったとする説もあるが、(16)たとえば「熊野の本地」の絵に描かれているように、鬼とはいわば悪霊の別称であって、角のない恐ろし気なる面を被った者や獣面らしきものを被った者も、九百九十九人の「鬼」たちのなかに含められており、とくに奇妙だというわけではない。むしろかつては異形なる者が鬼であり、その属性や行動が鬼であるかどうか

蓑・笠、打出の小槌など、鬼の持ち物を放り出して逃げる鬼たち（渋川版『御伽草子』「一寸法師」より）

を決定したのであった。

この儀礼に登場する神格は、人を殺すことの出来る道具をたずさえ、折りあらばそれで刺し殺すぞとおどす。つまり、恐怖を人々にひき起す神格であり、それゆえ邪悪な鬼と考えるのが妥当であって、これを祝福するためにやってきた善なる神霊＝「まれびと」だとか、その原質は「祖霊」だと説いたところであまり意味がない。そうした解釈はむしろナマハゲ系儀礼の本質を見逃すものである。

民俗学者がよくいうように、子どもたちの「地蔵遊び」を、これはかつて大人たちが口寄せをやとって行なっていた「地蔵憑け」が零落したものだと説明したところで、それは系譜関係の指摘ではあっても子どもたちの遊びの本質を解き明かしたことにはならないのと同じである。ようするに、ナマハゲ系の儀礼の本質は恐ろしい鬼の来訪に求められるべきなのである（もっとも、「おに」という呼称はヤマトからもたらされたものである）。ナマハゲはたしかに私たちが検討してきた鬼の属性と類似する属性をもっている。ナマハゲはその来訪を告げる騒音を立て、家の中に乱入してくる。家の一部や家具などの破壊さえも許されていた。これは明らかに修正会の「乱声」などに通じるものである。

鬼が蓑を着けているというのも古くからの考えであった。とりわけ民間で信じられていた鬼はそうだったらしい。『枕草子』にも「蓑虫…鬼の生みたりければ、親に似てこれもおそろしき、心あらむ」と語られ、よく知られたお伽草子『一寸法師』に描かれた、一寸法師に追い払われた鬼たちも蓑と笠を着て出現している。前頁の図を見ていただきたい。一寸法師に追われた鬼たちは蓑と笠と打出の小槌を放り出して逃げ去っている。

このように、古くから鬼たちは蓑笠を着ているのだとする考えが人々の間に浸透していたのである。しかしながら、ナマハゲ系行事の異形者も蓑笠を着けるからということだけで、ただちに悪なる「まれびと」なのだと説くわけにはいかないし、逆に善なる「まれびと」だと断定するわけにもいかないのだ。鬼が蓑笠を着けてやってくることがあったが、それはまた善なる神霊の来訪時の服装でもあったし、死者があの世へ旅立って行くときの服装でもあったからである。

ナマハゲは、村のなかに村びととして好ましくない人間がいないかと出現してくる。この出現のモチーフは、牛頭天王の古端将来への制裁など人間の側に邪悪な者がいるという理由で出現することと似ている。生身剝ぎとは火斑ができるほど火の周りに坐ってばかりいる怠け者の生身＝火斑を剝ぐという意であるという。それは怠け者を殺して食べるということをも暗に意味している。つまり、恐ろしい鬼は人間が人間としていかに生活するのが好ましいかを教え込ませるために登場するのである。鬼は「村人の風儀の矯正には権威と実効」を挙げたのである。

もっとも、ナマハゲは、修正会や節分の鬼のように、牛玉杖で打たれたり、つぶてや豆をぶつけられて退散するのではなく、家の主人の歓待を受け、餅や金銭を貰って立ち去っていく。饗応された方も、この年の豊作や家人の無病息災などの祝福の言葉を述べる。この点に注目すれば、ナマハゲも異界から人々を祝福するためにやってくる「まれびと」ということになる。ナマハゲはこうした二面性をもっている。この二面性を相手に応じて発揮させるのだ。

男鹿市飯ノ森に伝えられている「ナマハゲ」の文化人類学的調査に基づいて「ナマハゲ」の分析を試みたヨシコ・ヤマモトの見解は、ナマハゲ行事の本質がどこにあったのかをよくとらえている。(17)

彼女は、この集落の生業や同族や青年団といった社会構造や日常生活の調査結果をふまえつつ、青年団（若者組）によって演じられるナマハゲ行事が、一見したところ人類学者たちが報告する、社会を支配している大人たちへの儀礼的反乱の様相を示しているものの、その本質はむしろ逆であって、村落社会の秩序や権威を再強化させることにあるとみる。

ナマハゲの攻撃の標的になるのは、子どもであり、まだ子どもが生まれていない若妻や、他所から来た養子あるいは奉公人たちであった。ナマハゲを演じる青年たちは村落共同体における権威をやがて手にする人々であり、ナマハゲという神秘的存在の力をかりて、充分にそうした権威になじんでいない、いうならば共同体の周縁にとどまっている子どもたちや新参者たち、ときには警官などの外部の者を攻撃し、村落共同体の権威の存在を明示しそれへの服従を強制するのである。それゆえに、そうした共同体の権威を身につけている家の主人は、その来訪を歓迎＝歓待するというわけである。すなわち、ナマハゲは、村落の一員として好ましい〈人間〉をつくり出すために呼び招かれた恐ろしい鬼なのである。子どもや新参者たちに対しては恐ろしくも乱暴な鬼として臨み、社会の中心部を占める人々には善良なる神格として臨むナマハゲは、言いかえれば、村落共同体が飼いならした鬼、コントロール可能になった鬼といえよう。鬼の儀礼に限らず、儀礼とは元来そういうものなのである。

しかしながら、忘れてはならないのは、そのような状態におかれていても、ナマハゲはその凶暴な属性を失なってはいないということである。ナマハゲは、心悪しき古端将来に対しては恐ろしい悪霊として死を、心良き蘇民将来に対しては富を授けた牛頭天王など、人間の性格の良し悪しで、属性の発現の仕方が異なる日本の鬼の仲間といっていいのではなかろうか。こうした鬼として想起されるのが、昔話の「瘤取り爺」の鬼や

「姥皮」の継子を助ける鬼女（山姥）なのである。

もう一つの「まれびと」論に向けて

「ナマハゲ」の鬼は鬼面を着け蓑を着けてやってきた。すでに述べたように、『一寸法師』の鬼も、狂言『節分』の鬼も、蓑を着て笠を着て人間界にやってくる。また、近世土佐の鬼遊びの唱え言も、「蓑着て笠着て来る者が鬼よ」と述べられている。したがって、鬼の旅装束は蓑笠姿だといっていいのかもしれない。しかしながら、蓑笠姿の来訪者が鬼にかぎられていたわけではないのだ。そのことを私たちはしっかり心に留めておく必要があるだろう。

「小正月の来訪者」行事のなかで、太平洋岸の岩手県や宮城県などに分布している「カセドリ」と称する行事にも、こうした蓑笠姿の来訪者が登場している。けれども、私たちはだからといってこの行事の異装の来訪者をただちに恐ろしい「鬼」だとも、善なる神霊だとも速断しえないし、してはならないのだ。それがいかに危険であるかを、遠野地方の「カセドリ」行事によって私たちは知ることができる。

遠野地方の小正月の晩には、たくさんの「まれびと」たちがやってきた。「福の神」「春駒」「畑まき」そして「カセドリ」……。遠野生まれの菊地照雄は、幼少の頃を思い出しながら、次のように書き記している。

福の神というのは、子どもたちが袋をもって七、八人が組になって家々をまわった。「福の神がきたゾ、アキの方からきたゾ」とさけぶと、中からアワ餅、干スルメ、ミカンなどをもったばあさまやら小さな孫達が縁側に出てきて、「御苦労様だごと、かぜっこひかねえよにナ」と手を合せ、「今年もどうかマメ（平穏で病気をしない）でありますように」と我々を拝むのがくすぐったい気持ちになった……この餅をもらい歩くのは我々だけではなかった。青年団の村兄貴たちはかせぎどりといって笠とケラを着た。今で言えば雨合羽だ。五、六人一組で家の前で「ホト、ホトホト、ホト」と訪れの合図をおくる。そうすると家では用意していた桶の水をひしゃくにくんで戸をあけるなり乱暴にも水を家族全員でかけた。終わって大きな鏡餅をくれる……このほか春駒といって腰に馬の鳴輪をつけ、チャラチャラと音をたてて庭にまいこむ一団がいた。また娘たちはそろいのたすきをかけて鍬をもってくりこんできた。畑まきといった。⑱

菊地によると、こうした来訪者たちが二十日の晩まで来訪したのであった。菊地は、このような来訪者をまとめて「ホイト神」（乞食神）と呼んでいる。まさしくこの晩の来訪者たちの第一の目的は餅や金銭を貰うことにあったのだ。では、若者や娘や子どもたちが演じている理法者はいかなる神なのか、いかなる人物なのだろうか。

「福の神」は近世に流布した七福神を思わせる。「春駒」は新春に村々を門付けして廻った「春駒」と称する芸能を行なうことで米や餅や金銭を得ていた遊行の芸能者の芸を真似たらしい。「畑まき」についてはわからない。

では、「カセギドリ」は何だったのか。蓑笠をつけているから、鬼なのだろうか。それとも善なる神なのだろうか。正直のところ、これもよくわからないのだ。少なくともカセドリが鬼の属性である凶暴性をもっているというしるしはまったくない。しかし善神だというしるしもほとんどないといっていい。ひょっとして、これは村々を廻っていた「乞食」を真似たものなのかもしれない。乞食もまた蓑笠姿で旅をしていることが多かったからである。他の地方のカセドリ系の儀礼をみるとその可能性が高い。村の貧しい家の者がカセドリに扮したり、カセドリで集めた餅や金銭が貧しい家に分け与えられたりしている例のあることがそれを暗示している。

このようにみてくると、遠野には恐ろしい鬼のような来訪者は訪れなかったかにみえる。たしかに儀礼として、それも村びとによる仮面・異装儀礼としては、以前には近くの釜石市にみられたナナミのようなナマハゲ系の儀礼があったのかもしれないが、菊地の幼い頃に存在していなかったようである。

けれども、小正月に来訪する〈鬼〉はここにも訪れていたのだ。これを語っているのが、柳田国男の『遠野物語』である。

正月十五日の晩を小正月という。宵のほどは子供ら福の神と称して四五人群を作り、袋を持ちて人の家に行き、明の方から福の神が舞い込んだと唱えて餅を貰う習慣あり。宵を過ぐればこの晩に限り人々決して戸の外に出づることなし。小正月の夜半過ぎは山の神出でて遊ぶと言い伝えてあればなり。山口の字丸古立におまさという今三十五六の女、まだ十二三の年のことなり。いかなるわけにてか唯一人にて福の神に出で、ところどころをあるきて遅くなり、淋しき路を帰りしに、向うの方より丈の高き男来てすれちがいたり。顔はすてきにて赤く眼はかがやけり。袋を捨てて遁げ帰り大いに煩いたりといえり[19]。

すなわち、遠野地方の小正月の夜は、儀礼としては演じられることがない、恐ろしい「山の神」（おそらく天狗のたぐいだろう）が村を訪れるために、人々は固く「物忌み」をしたのだ。少なくとも、この夜にやって来る「山の神」は邪悪な属性を発現させる、それゆえひたすら忌避するしかない存在、つまり鬼や悪霊のたぐいであった。この「山の神」こそ、私たちがこの小文で追い求めてきた、恐れられ忌避され排除すべき鬼の同僚であるといっていいだろう。遠野の人々は、こうした「山の神」を儀礼化しなかった、ということは、儀礼を介在させることでコントロールすることをしえなかったということにもなる。

このように、忌避され排除されるべき存在はつい最近までパワフルな力をもって存在していたのだ。その姿かたちや名称は異なっていても、それが日本の鬼の伝統を継ぐものなのである。

蓑着て笠着て来る者は誰か。それは鬼である。それは神霊である。それは死者である。それは旅人である。それは乞食である……要するに、たしかな答はないのだ。したがって、私たちはこう問い直すべきなのだ。人間もしくは人間社会の反対物はなにか。人間の概念をより明確にしてくれるものはなにか。つまり反社会的・反道徳的存在はなにか、と。それこそが、いかなる名称をもっていようと、日本においてかつて鬼と呼ばれた存在に相当するものなのである。

「蓑着て笠着て来る者はなに?」と問うことは、「まれびと」を広いカテゴリーとして把握することを可能にするであろう。鬼も蓑笠を着けてやってくることがある。だが、この鬼はやはり蓑笠を着けてやってくる善なる神霊の対角に位置づけられる存在であり、折口の「まれびと」が逆転・逆立ちした「まれびと」なのである。多くの民俗学者のように、それを善なる神の零落ととらえることは、鬼の本質を見逃してしまうことになってしまうだろう。

もう一つの「まれびと」としての鬼の文化史をこれまで以上に精緻なものにしていく必要が痛感される。

注

(1)こうした鬼の多様性については、馬場あき子『鬼の研究』・(三一書房、一九七一年)や小松和彦・内藤正敏『鬼がつくった国・日本』(光文社、一九八五年)などを参照のこと。
(2)この疫隅国社は江熊牛頭天王社で、京都の祇園社の分社として勧請されたものと考えられている。したがって、この説話は京都・八坂の祇園本社でおそらく語られていた、疫病神＝スサノオ＝武塔神＝牛頭天王についての縁起譚の地方版であろう。この点については、西田長男「『祇園牛頭天王縁起』の成立」(『神社の歴史的研究』塙書房、一九六六年)を参照。
(3)高知県香美市物部町に伝わるいざなぎ流「天刑星の祭文」には、「坊主を千人、太夫千人、山伏千人、三千人をそろふて、千部の経に万部の経に読ふで御祈念御祈禱いたしてござれば」とある。祈禱師が総動員されているわけである。天刑星とは牛頭天王の別称である。小松和彦「いざなぎ流祭文研究覚書(1)——天刑星の祭文」(『春秋』八・九月合併号、一九八九年)、参照。
(4)悪霊祓いの儀礼については、たとえば、小松和彦「悪霊祓いの儀礼、悪霊の物語」(『悪霊論』ちくま学芸文庫、一九九七年)を参照。
(5)小松和彦「熊野の本地——呪詛の構造的意味」(『憑霊信仰論』講談社学術文庫、一九九五年)。
(6)能勢朝次『能楽源流考』(岩波書店、一九三八年)。
(7)能勢朝次、前掲書。
(8)五来重『続仏教と民俗』(角川書店、一九七九年)および高取正男「民俗と芸能」(『日本芸能史』1、法政大学出版局、一九八一年)などを参照のこと。
(9)高取正男、前掲論文。
(10)小松和彦「雨風吹きしほり、雷鳴りはためき……——妖怪出現の音」(『悪霊論』ちくま学芸文庫、一九九七年)も参照のこと。
(11)折口信夫「国文学の発生(第三稿)」(『折口信夫全集』第一巻、中央公論社、一九五四年)。
(12)高岡弘幸「都市と疫病——近世大坂の風の神送り」(『日本民俗学』第一七五号、一九八八年)参照。
(13)坪井洋文「年中行事の地域性と社会性」(『日本民俗学大系』第七巻、平凡社、一九五九年)。

(14)伊藤幹治「稲作儀礼の類型的研究」(『國學院大學日本文化研究所紀要』第十二輯、一九六三年)。
(15)板沢武雄「諸国新年習俗の比較——陸中閉伊郡釜石付近」(『民族』第二巻第二号、一九二七年)。
(16)稲雄次『ナマハゲ』(秋田文化出版社、一九八五年)。
(17)Yamamoto Yoshiko 1978, The Namahage: a festival in the northeast of Japan, Institute for the study of Human Issues. Inc. Philadelphia.
(18)菊地照雄『遠野物語をゆく』(伝統と現代社、一九八三年)。
(19)柳田国男『遠野物語・山の人生』(岩波書店、一九七六年)。

鬼と人間の間に生まれた子どもたち
――「片側人間」としての「鬼の子」

「片側人間」とは何か

イギリスの社会人類学者ロドニー・ニーダムの論文の一つに、「ユニラテラル・フィギュアーズ」と題したとても興味深い論文がある。この論文のタイトルを、文字通りに解すれば「片側形象」とでも訳すべきであるが、これを邦訳した社会人類学者の長島信弘は、内容に即して「片側人間」という訳語を与えている（「片側人間」『現代思想』第10巻8号）。

この「片側人間」とはどのような人間なのだろうか。ニーダムは次のように説いている。

片側人間とは、より不正確に『半人間《ハーフ・マン》』と呼ばれるようになったが、身体の一方の側だけからできている想像上の人間のことである。同じ側に目が一つ、手が一本、足が一本から成っている。この人物は大てい男性であり、神話に出てくる場合も男形をとっている。ときには女性であることも、人間に似た精霊といった、人間以外の存在であることもある。動くためには、通常その一本足でぴょんぴょん跳ぶのである。

このような「片側人間」のイメージは、通常の人間の身体を右半分と左半分に分割し、その一方のみを独立させたものである。しかし、ニーダムは「片側人間」を右のように定義しつつも、こうした「片側人間」を考えるにあたっては、枠組みを拡大して、身体の右半分と左半分が異なった性質を帯びた存在や、身体の前と後が異なった性質を帯びた存在、あるいは上半身と下半身が異なった性質をもつ存在なども考察の対象とすべきであるというきわめて適切な指摘をしている。

私がここでとくに注目したいのは、縦に二分された身体が結合した形で、左右正反対もしくは左右が異なる属性を示すという事例が世界の各地でみられることである。これについて、ニーダムは次のように述べている。

ヒンドゥ教から一つのすばらしい例が得られる。両性具有の神、シヴァ・アルドハーリシュヴァラの像である。この像は右半分が男性で男の装いをし、左半分が女性で女性の衣裳と装身具を着けている。西アフリカのイボ族では、ある儀礼を済ませた男は身体の半分が人間、半分が精霊になると考えられている。それで身体の右半分を黒く、左半分を白く塗る。相反する性格をもつ二つの半身が一体となっているのである。カリフォルニアのミウォク・インディアンは、喪明けの儀礼に参加した人々の身体を同じように二つに分けて塗った。白と黒である。ブラジルのボロロ族も、精霊を表象するために同様の彩色をした。

ニーダムは世界各地に見出される「片側人間」のデータを比較した結果、このイメージがある特定の地域で形成されて各地に伝播したとすることもできないし、また各地において独立に発明されたイメージであるともいえないとの見解を述べ、次のような意外な結論を導き出したのである。

ここで私は、片側人間のイメージをどう考えるかというこの演習を終りに近づけようと思う。この奇妙な表象の形状についても分布についても、即座に使える説明はないようにみえる。特定の事例のさらに綿密な分析によっても、一元的理解に到達しうるという自信は私にはない。しかし、今までの探究から現われてきたいろいろな様相を、どうしてもそうならざるを得ないような一つの抽象化で包摂することが可能である。すなわち、片側人間という文化表象を一つの元型《アーキタイプ》という心理的要素に起因するものと考えることである。

この結論は、いささか性急すぎるように思われる。綿密な人類学的調査を行なっていた研究者が、通文化的・比較文化的研究を試みようとすると、しばしば深層心理学の援助を求めることで統一的解釈を下そうとする。それが間違いであると主張するつもりはない。究極的にはそうなることもありうると思う。しかし、ニーダムが試みた程度の考察だけで、ただちにユングの元型に説明を求めてしまってよいのかは大いに疑問である。いま少し丹念にそれぞれの文化における事例の検討を行なうべきなのではなかろうか。

もっとも、ここでの課題は、ニーダムが取り上げた「片側人間」の事例を、それを伝承する文化のコンテキストにそって吟味し直すことではない。

私たちの課題は、ニーダムが着目した「片側人間」のイメージの事例が、私の研究する日本の昔話などのなかにも見出されるので、その分析を通じて日本の「片側人間」のイメージがどうして形成されたのかを考察してみることにある。それによって、ユングの元型にその普遍的説明を求めるというニーダムの結論それ自体の是非はともかく、それに至るまでの分析の手続きに性急さがみられることを明らかにしてみようというわけである。

実は、私はこの「片側人間」のイメージに関して、日本のみではなく、私が調査しているミクロネシアのポンナップ島の昔話のなかにもそれを見出している。それは、日本の昔話でいえば、たとえば「姥皮」やお伽草子の「花世の姫」に登場する、妖怪の仲間でありながら主人公を援助する〝山姥〟のような存在で、体の右半分が人間で、左半分が神（というよりも妖怪）としてイメージされている。したがって、このようなポンナップの「片側人間」のイメージの吟味によっても、ニーダムの研究への疑問を提出することが可能なわけだが、ここでは日本の昔話にのみ限定して議論を展開することにしたい。

「異類婚姻譚」と「鬼の子小綱」の昔話

日本の昔話の話型の一つに「鬼の子小綱」と呼ばれるものがある。関敬吾によって編集された『日本昔話大成』（角川書店）では、「逃竄《とうざん》譚」の下位カテゴリーをなすものとして分類されている。しかし、内容からいえば、それは同時に「異類婚姻譚」の下位カテゴリーをなすものでもある。

「鬼の子小綱」という話型名は、遠野地方から採集された昔話に、登場人物の一人として人間の女と鬼の男の間に生まれた〝小綱〟と呼ばれる子どもが登場することから名づけられたもので、したがって、この話型に属する話に登場する子どもがいずれも〝小綱〟という名をもっているわけではない。私が注目しているのは、異類婚姻の結果生まれた、この子どもである。

それでは、「鬼の子小綱」の昔話とはどのような内容の話なのだろうか。まず、ここでのテーマにもっともふさわしい話例を『日本昔話大成』からいくつか挙げてみよう。

事例1 鬼にあんこ餅が好きかと聞かれて親父は、女房と交換してもよいくらい好きだと答える。鬼は親父にあんこ餅を与えて女房をさらう。

親父は十年間、女房を探し歩いて鬼が島に渡る。体の右半分が鬼、左半分が人間の片子という男の子を見つけて鬼の家に行き、女房に会う。親父は鬼と餅食い競争、木切り競争、酒飲み競争をするが、片子が親父を助けて勝たせる。鬼は酔いつぶれ、三人は船で逃げるが鬼は海水を飲む。片子が鬼を笑わせ、鬼は海水を吐き出したので三人は日本に着いて暮らす。

片子は鬼の子だといわれて居づらくなる。死体を細かく切って串刺しにし、戸口にさらせば鬼は家に入れないこと、それでもだめならば目玉に石をぶつけること、と言い残して片子は死ぬ。串刺しにしておくと鬼は裏口をこわして入ってくる。親父と女房は石を投げ、鬼は逃げる。それからというものは、節分には、片子の代りに田作りを串刺しにして豆を撒くようになる。

——宮城県仙台市——

事例2 山に薪を取りに行くと、大鬼がきて妹をさらっていく。数年後、妹は鬼が島で鬼の妻になっていると聞く。姉は鬼の好きな煎り豆を持って島に行く。島に着くと、体の半分が鬼で、半分が人間である妹の子どもに会う。名は片という。

豆の代りに石を入れたものを土産の豆だと鬼に食べさせる。鬼に酒を飲ませて寝込んだのを見すまして三人で逃げ出す。舟に乗って途中まで来たとき、鬼が追いかけてきて海の水を飲みはじめる。片は、母とおばに尻をめくって鬼の方へ向けて両方の手で叩かせる。鬼は笑って飲んだ水を吐き出し、その力で舟は陸に着く。片は、体半分が鬼なので日本では暮らせない、と父のところに帰って行く。

——宮城県旧登米郡——

事例3　爺が畑打ちをした者に娘をやるというと、鬼が出てきて畑打ちをする。一番目の娘、二番目の娘は、鬼の嫁になるのを断わるが、末娘は承諾する。娘はただで草の種を蒔きながら鬼のところに嫁入りしていく。一年後に、片角子《かたつのご》が生まれる。かたびし人間（体の半分が人間）でかたびし鬼（体の半分が鬼）であった。

爺がただで草を頼りに山に娘を訪ねて、押入に隠れるが、鬼に発見されてしまう。爺と鬼は、餅、竹の子の食い合い、さらに縄ない競争をするが、娘の機転で切り抜ける。鬼が雉《きじ》打ちに行ったときに、爺と娘は逃げ出す。戻って来た鬼は、残っていた片角子から娘が爺を送って行ったことを聞き、追いかける。娘はお札を投げて大川を作る。鬼は川の水を飲んで追う。娘は自分の尻をまくってはたく。鬼がこれを見て笑って水を吐き出す。家に戻ると豆を煎って「福は内、鬼は外」と撒くと、鬼は節分になったと思って逃げ去る。

――新潟県新発田市――

この三つの事例に登場する、鬼と人間の間に生まれた子どもは、まぎれもなくニーダムの注目した「片側人間」である。

とくに事例1では体の右半分が鬼で、体の左半分が人間とはっきり語られている。さらに興味深いのは、これらの事例の子どもたちが、「片側人間」であることを示す〝片《かた》子《ご》〟とか〝片《かた》〟とか〝片角子《かたつのご》〟といった名で呼ばれていることである。では、どうしてこれらの子どもは「片側人間」として描かれねばならなかったのだろうか。

この子どもは、鬼の男と人間の女の婚姻（性交）、いわゆる「異類婚姻」の結果生まれた子どもである。このために、人間の属性と鬼の属性を半分ずつ所有しているとみなせる。そこで、こうした両義的性格をもっとも視覚的に表現するため、鬼の体の半分と人間の体の半分を結合させたイメージを作り出した、と解釈しうるであろう。

しかしながら、右の解釈はこれら三つの事例に限られた解釈であって、次のような重大な問いに答えうるものではない。すなわち、では鬼と人間の婚姻の結果生まれてくる子どもはすべて「片側人間」なのか、さらにいえば異類婚姻の結果生まれる子どもはすべて「片側人間」なのか、という疑問である。答は否である。以下でみるように、異類婚姻の結果生まれる子どものすべてが「片側人間」としてイメージ化されるわけではないのだ。

そこで、ここでは昔話の異類婚姻譚に限定しつつ、そうした婚姻の結果生まれた子どもの属性を考察し、それらの子どもたちの比較を通じて〝片子〟などと呼ばれる子どもの構造的位置を浮き上がらせてみよう。

「異類聟・嫁入り」型の昔話群

日本の昔話には、異類婚姻のエピソードをもつものが多い。こうしたエピソードをもつ昔話は「異類婚姻譚」として分類され、さらに異類が男である場合には「異類聟譚」、異類が女である場合には「異類女房譚」というように下位分類がなされてきた。もっとも、すでに述べたように、「鬼の子小綱」の昔話群は、異類婚姻のエピソードを含んでいるにもかかわらず、分類上は「異類聟譚」とされておらず、鬼からの逃走がこの昔話の中心的なエピソードであるとの判断からであろうか、「逃竄譚」に属するものとされている。

「鬼の子小綱」の昔話では、異類婚姻のモティーフとその結果生まれる子どものモティーフは、「片側人間」が登場する物語を成立させる上で不可欠なモティーフである。両者は固く結びついている。

しかし、「異類婚姻譚」の全体を眺め渡してみると、そうした婚姻の結果必ず子どもができるわけでもなければ、生まれたとしてもその子が大切に育てられるというわけでもない。

もっとも、ここでこれらの点を示す事例をいちいち例示していくわけにはいかないので、ここでの課題にそったヴァージョンをいくつか挙げてみるだけに留めることにしたい。

とりあえず、「異類聟譚」の方から検討してみよう。次に紹介するのは、人間の女が異類のところに嫁入りして行くが、その途中で異類の聟を殺害して逃げ帰ってくるというものである。こうした昔話群における異類の代表的なものは、「蛇」「猿」「鬼」「河童」などである。私はこれをヴァージョンの比較の都合で、「異類聟・嫁入り・殺害」型と呼ぶことにする。次に紹介する話は、「蛇聟・嫁入り・殺害」型の話である。

事例4　田に水がかからず困っていると、蛇が来る。爺は、蛇に三人娘の一人を嫁にやるから雨を降らせてくれと頼む。蛇は雨を降らせる。爺は心配で寝込む。一番目、二番目の娘にわけを話すが、断わられる。末娘は、嫁に行くから、針千本とふくべ千買ってくれという。千本の針をふくべに入れ、それを箱に収めて持っていくことにする。蛇は侍になってやってくる。娘は、例の箱を宝箱だといって、蛇にもたせる。嫁入りしていく途中、蛇の姿になって川を渡るうちに、箱のなかから出た針に刺さって蛇は死んでしまう。

──福島県相馬郡──

このタイプの昔話群のうちで、「蛇」が聟になる話のほとんどが、嫁入りして行く途中で人間の娘が知恵を働かせて蛇聟を殺してしまっている。したがって、こうした昔話を読む限りでは、水を支配するものとしての蛇（神）という観念が民俗社会にあるにもかかわらず、蛇と人間の女の婚姻に対しては、人々は否定的な考えをもっていたことになる。異類婚姻は成就しないのだ。

しかし、人々の考え方がそれで一定していたわけではない。たとえば、異類が「猿」になっている「猿聟・嫁入り・殺害」型の昔話では、同じ殺害であっても、嫁入りの途中での殺害と里帰りの途中での殺害の二つのパターンが、ほぼ相半ばする形で現われているからである。すなわち、後者の「猿聟・嫁入り・里帰り・殺害」型では、短いながらも一定の期間は猿聟と人間の嫁とが異類界で夫婦生活を送っていたのである。その点では、「鬼の子小綱」の鬼聟と人間の女の間になされる、数年間に及ぶ夫婦生活にやや近いといえるであろう。

両者の相違は、猿聟が子どもを得ることなく殺害されるのに対し、鬼聟は妻に子どもまで生ませたにもかかわらず、逃げられてしまうだけで殺されたりはしていない点に求められよう。したがって、「鬼の子小綱」の昔話は「異類聟・嫁入り・子ども誕生・逃亡」型と呼べるであろう。

さらに注目すべきは、数こそ少ないが、「蛇聟・嫁入り」型の昔話のなかに、異類聟を殺害することなく、そのまま素直に嫁入りしていくというタイプの話もあることである。

はたして嫁入りした女が本当に幸福な生活を送ったかは、物語のなかに描かれていないので定かではない。だが、適当な表現がないので、ここでは仮に「異類聟・嫁入り・幸福」型と名づけよう。次の昔話は、そのうちの「水辺出現」型と呼ぶべき内容の話である。

事例5 親父が、雨が降らないのでお宮に祈願して帰ると、蛇がいる。蛇は「雨を降らせないのはこのおれがそうさせているからだ」という。親父は「雨を降らせたら、娘をやる」と答えた。雨が降り、三日経つと、蛇が娘を連れに来る。親父も姉も末娘も蛇の姿を見て逃げ出すが、機を織っていてそれに気づかなかった二番目の娘が蛇に連れていかれる。

親父が後を追っていって、堤のところで娘を呼ぶと、腰から上は人間で、腰から下は蛇になった娘が現われる。そして雨の降らないときにはここに来て私を呼んでくれと告げて去る。

――石川県旧江沼郡――

この事例は蛇聟との婚姻を肯定的にとらえ、嫁入りした娘の援助がここでは期待されている。その点では、このタイプの話は、「蛇聟・嫁入り・殺害」型の対極に位置している。

ところで、この昔話は、私たちが注目している「片側人間」のモティーフを含み込んでいる点でも、まことに興味深い話である。すなわち、ここでの「片側人間」は、〝片子〟などのように、体の右半分が異類（鬼）で左半分が人間という造形のされ方をしたものではなく、体の腰から上が人間、腰から下が蛇という、人魚のイメージのような姿かたちをした「片側人間」なのである。

しかも、この「片側人間」は、異類と人間とが結婚してその間に生まれた子どもである、というわけでもない。つまり、この「片側人間」のイメージの形成は、異類の父と人間の母の双方の属性を半分ずつ引き継いだから「片側人間」になったのだろう、という私たちが推測した〝片子〟たちの「片側性」のイメージの形成についての解釈によっては説明しえないのである。

では、どうして人間の女が異界（他界）に棲む蛇の嫁になることで、この種の「片側人間」に変貌するのだろうか。

これを考えるための手懸りとなる二つの昔話を、次に紹介しよう。

事例6　百姓がひでりで困り、田に水を入れてくれた者に娘をやると独り言をいう。

蛇が現われて自分が水を入れてやると約束する。翌日になると田に水が入っている。百姓が約束をはたすため娘たちに頼むが断わられ、末娘が嫁入りすることになる。裃《かみしも》をつけた侍に変じた蛇が迎えにくる。しばらくして、娘が里帰りしてくる。昼寝をするから覗いてはならないといって寝室に入る。不審に思ってそっと覗くと蛇が寝ている。娘はもとの姿になって、池に帰っていく。親は娘のいる池にときどき食物を運んでやったという。

——滋賀県長浜市——

事例7 雨が降れば水が出て、照るとすぐに干上がる沼があった。庄屋が百姓の難儀を案じて、沼の主に雨を降らせたら娘をやると祈願すると、たちまち雨が降る。男が娘をもらいにくる。娘は嫁入りを承諾して舟に乗って沼に出る。沼のなかに消えた娘のために赤飯を投げ込む。

一年目に娘は子どもを連れて里帰りしてくる。そして寝姿を見ないで欲しいと頼む。二年目にまた二人の子どもを連れて里帰りしてきて、やはり寝姿を見るなという。不審に思ってのぞくと、八畳いっぱいに大蛇が寝ており、そのそばに二匹の小蛇がいる。娘は寝姿を見られたと悲しみ、以後再び姿を見せることはなかった。

——埼玉県川越市——

この二つの事例は「異類聟・嫁入り・幸福・里帰り」型で、覗き見の禁止とその侵犯というモティーフをもっているので、「異類聟譚」に対置される「異類女房譚」の影響を受けた昔話と考えられる。

この事例の嫁入りする人間の女は、異類の男と異類界において夫婦生活をするためには、異類（蛇）に変貌しなければならなかったらしいのだ。すなわち、人間界に戻って来ると人間になり、異類界に行くと異類になるわけである（拙稿「神霊の変装と人間の変装」『神々の精神史』講談社学術文庫、参照）。

けれども、こうした人間界と異類界での姿の変換が、まったく完全になされているわけではなく、やや異類界の方へと帰属意識が傾いている。というよりも、日本の家意識を反映してか、異類界に嫁入りした人間の女は異類になってしまい、人間界に里帰りするときは仮そめの姿として人間の姿をとるのだ。なぜなら、もっとも無防備かつ自然体となる寝るという状態のときには、異類の姿に戻ってしまうからである。

青森県で採集されたヴァージョンに、坊さんに姿を変じて出現した蛇の嫁になった人間の娘が、その坊さんと一緒に里帰りしたとき、坊さんつまり蛇から、寝室を覗くな、といわれたにもかかわらず、親がそっと覗き見ると、娘がとぐろを巻いた蛇に抱かれていた、というのがある。この話では、寝ることとセックスすることが重複しているかにみえる。また、異類譚（蛇）のみが異類の姿になり、嫁入りした人間の女は異類の姿にはならないという点が注目される。

さて、これらの事例との比較を通じて、事例5の「片側人間」のイメージを検討してみると、どうしてそのようなイメージが造形されたかについての、いくつかの暫定的な解釈が可能となってくる。

一つは、完全な人間の姿から完全な異類の姿への変貌の過渡期の段階として現われたイメージとする解釈である。年が経つにしたがって徐々に上半身も異類に変貌していくわけである。

いま一つは、異類に嫁入りした人間の女は、異類の女とは違って、異類界にどんなに長く棲んでも完全な異類にはなりきれず、したがって、完全に人間性を断ち切れないという観念が、もっとも典型的に示されたものだ、とする解釈である。これは、日本の家制度における〝異人〟としての嫁の両義性と通底するものであろう。

さらに次のような解釈も可能である。この「片側人間」が出現した場所は堤であった。すなわち、そこは人間界と異類界（水界）の境界である。それゆえに人間と異類の二つの属性を典型的に示すような「片側人間」となって出現したのであって、この「片側人間」は、異類界に戻れば異類の姿に、陸に上って実家に戻ってくれば人間の姿になるであろう、という解釈である。

私はいまここで、これらのいずれが正しいとの判断を下すことはできない。いえることは、人間の女が異類の男と異類界で生活することで、異類としての属性を程度の差はあるものの獲得してしまうのだという観念が、どうやら広くみられたらしいということとである。そうした観念を基盤にして、事例5の「片側人間」のイメージや、事例6や事例7の、人間であった女が寝るときの、異類の姿へと変身するというイメージが形成されているのであろう。

事例7に関しては、もう少し補足のコメントをしておくべきであろう。この話には、子どもも登場している。蛇の男と人間の女との間に生まれた子どもであるが、注目すべきことに、その属性はその子の母とまったく同じなのである。「異類（蛇）聟・嫁入り・幸福・里帰り・子ども誕生」型と呼びうるこのタイプの昔話群には、上半身が人間で、下半身が蛇であるといった「片側人間」としての子どもが生まれていてもよさそうなのだが、どうやら報告されていないようである。

「蛇」に対する両義的な態度

さて、これまでの検討によって「異類聟・嫁入り」型の昔話群の間にもかなりの差異があることが明らかになってきた。

この差異は、異類の男と婚姻関係を結ぶことになるという事態を、人間の側がどの程度肯定しているのか、という点に着目することによって浮かび上がってきた差異である。さしあたって、それを次の(A)から(G)までの七つのタイプに分類してみた。もちろん、それぞれのタイプ内でもさらに下位分類することが可能であって、そうした細分化を推し進めていくと、最終的には、採集された個々のテキストへと至ることになってしまうにちがいない。つまり、昔話の分類は、考察のための便宜的なものではあるが、きわめて重要な手段なのである。

以下の七つのタイプの配列は、異類婚姻の否定から肯定へ、人間の女の異類界への参入・帰属度の弱から強へ、という観点でなされている。すべて「異類聟・嫁入り」のモティーフをもつので、タイプ名からはこれを削除してある。

(A)「殺害」型――嫁入りの途中で異類を殺害する。異類に対する、厳しい排除、異類婚姻の否定の思想が現われている。

(B)「殺害・里帰り」型――短期間の夫婦生活があるが、里帰りの途中に異類の夫を殺害する、やや排除の思想がゆるんでいるといえる。

(C)「子ども誕生・逃亡」型――長期間夫婦生活を続け、子どもまでもうけるが、救出者が現われて人間界に戻る。さらに排除の思想がゆるんでいる。子どもは「片側人間」。

(D)「幸福・里帰り」型――約束に従って嫁入りし、ときどき里帰りするが、異類の身になっているところを見られて去る。ほとんど排除の思想がみられない。

(E)「幸福・里帰り・子ども誕生」型――嫁入りし、子どもまでもうける。ときどき里帰りするが、母子ともに異類の身になっているところを覗かれて、子どもとともに立ち去る。

(F)「幸福・水辺出現」型――嫁入りしたのち里帰りもしない。水辺にときどき出現するだけである。蛇の子を伴っていることもある。出現する嫁は「片側人間」。⑹「幸福」型――嫁入りしたあと、二度と人間界に姿を現わすことがない。嫁に入ったのち完全に人間界との関係を断ち切っているので、異類婚姻をもっとも肯定しているといえる。嫁入り後にやがて完全な異類になり、子どももうけたと推測されるのだが、もちろん昔話には記されていない。

さて、こうした「異類聟・嫁入り」型の昔話群のなかにみられる差異はなにを物語っているのだろうか。

歴史主義的な民俗学者ならば、これを歴史的変化としてとらえ、異類婚姻を積極的に認めていた時代から、それを否定していく新しい時代への変化の相を示すもの、つまり「異類聟・嫁入り」型の昔話は⑹から⒜に向かって変化したという具合に解釈するはずである。

私は、そうした解釈の可能性をある程度まで認める。しかし、同時に、私は別の角度からもこのような差異を理解すべきだと考えている。そうすることによってはじめて、二つのタイプの「片側人間」のイメージも理解しうるからである。

私の解釈の基本は、いつの時代にあっても程度の差はあるにせよ、民俗社会の人々の異類に対する態度は両義的なものであったであろう、ということにある。さもなければ、昔話におけるこれほど多様なかつ対照的な差異は生じなかったであろうし、また人々に受け容れられなかったはずである。

民俗社会の人々は、一方においては異類との交流を通じて「富」を獲得しなければならないことを充分に承知していたのである。共同体を根底から支配する「富」もしくは「力」は、その外部に存在する。けれども、共同体と外部、つまり異類との関係は一方的な関係ではなく相互的なものであり、そのために外部からえた「富」の反対給付として共同体から外部へと「富」を渡さねばならなかったのだ。すなわち、両者は等価交換の関係に立っているのである。

この昔話群では、交換される共同体側の「富」は女であった。この女を、共同体いいかえれば人間社会の外部に流出させずに内部に留め、内部で交換しようとしたときに異類婚姻の否定、さらには異類それ自体の否定という態度になるのである。

「異類聟・嫁入り」型の昔話をみる限りでは、「鬼」や「猿」の場合は、どちらかといえば、否定され排除される異類とみなされ、「蛇」の場合には、肯定と否定の間をさまざまな形で揺れ動いているのがわかる。したがって、人々は「蛇」に対してとくに両義的イメージを抱いていたらしい、ということになるであろう。つまり、「異類聟・嫁入り」型の差異の多様さは、「蛇」に対する人々の両義的態度の揺れの大きさを如実に反映しているわけである。

「片側人間」の二つのイメージ

さて、私たちはこれまでの考察の過程で、二つのタイプの「片側人間」のイメージを確認した。たしかにこれら二つのイメージは、いずれもニーダムのいう「片側人間」のカテゴリーに含められるものである。だが、両者は次の二つの点で決定的に異なっている。

一つは、体の上下に分割された〝片側性〟と体の左右に分割された〝片側性〟という、イメージの造形の違いである。こうした相違が生じた理由は、おそらくイメージを造形する上で、蛇と人間が分割して結合された「片側人間」を、体の左右が異なる「片側人間」としては描きにくいことによっているのであろう。人間は手足をもっているのに、蛇にはそれがない。人間の特徴をよく示すのは上半身であり、蛇の特徴をもっともよく示すのはその細長い身体であるので、それをドッキングしたというわけである。

では、〝片子〟に示される鬼と人間の分割・結合である「片側人間」は、どうして体の上下ではなく、体の左右が違うという「片側人間」なのだろうか。

鬼の場合は、蛇に比べてとても人間のイメージに近い。手も胴も足もある。もちろん、この場合、体の上下の「片側人間」のイメージを造形することは、充分に可能である。けれども、そうしたイメージでは、〝片側性〟をうまく表現しえないはずである。上半身が鬼で下半身が人間という「片側人間」は、ほとんど鬼であり、その逆の「片側人間」は、ほとんど人間である。

ところが、体の左右が違う「片側人間」とすることによって、鬼の特徴をもっともよく表わす角や牙を体の一方に描き、もう一方にそれがない人間を描くことができ、左右対照的な見事な「片側人間」のイメージができるというわけである。事例3に登場する「片側人間」としての子どもが〝片角子〟と呼ばれていることによっても、このことは充分に確認しうるであろう。

いま一つの相違は、どのようにしてこれらの「片側人間」が生じたのか、という発生の過程の相違である。日本の「片側人間」のイメージを考える場合、この点の検討がもっとも重要であると思われる。

これまでの考察が示しているように、体の下半身が蛇である「片側人間」が登場する昔話も、右半分が鬼である「片側人間」の昔話も、広い意味での「異類聟・嫁入り」型の昔話群に属しているが、その昔話群での両者の位置はかなり異なっている。前者は異類婚姻を肯定する態度が強い昔話に現われ、後者はそれを否定する態度が強い昔話に現われている。そして、私たちがこれを踏まえつつ、もっとも大事な相違として注目したいのが、「片側人間」の発現・発生のプロセスである。

すなわち、下半身が蛇である「片側人間」は、完全な人間として生まれた女が異類の嫁になって異類界に棲むことになったために〝片側性〟を帯びるようになったものである。彼女は、異類界から人間界へ逃げ出す気は毛頭ない。異類の妻になろうとしているのである。これに対して、右半分が鬼である「片側人間」は、異類婚姻の当事者である人間の女ではなく、その婚姻の結果生まれた子どもなのである。子どもの母は不本意なから鬼の妻になり、鬼の国にきて鬼の子を生まされてしまったが、できれば人間界へ戻ることを望んでおり、だから救出者が現われたときに、逃げ出してしまうのである。つまり、〝片子〟の母は、人間であり続けようとしているのだ。したがって、鬼と人間は対立しており、その双方を継承したイメージが〝片子〟なのである。

したがって、〝片子〟の態度は両義的であり、その行手にあるのは悲劇的な事態である。鬼でもあり人間でもある〝片子〟はまた、鬼でもなく人間でもない。それゆえに、彼は母の人間界への逃亡を契機にして鬼の世界からも人間の世界からも引き寄せられ、両世界の間で引き裂かれ、多くはいずれの世界にも完全に帰属することができずに、自死していく。

ところが、下半身が蛇である「片側人間」にはそうした悲劇的事態は起こらない。なぜなら、この「片側人間」は異類にできる限り近づいて行こうとしているからである。この場合の〝片側性〟は、もと人間であったという痕跡としての〝片側性〟なのである。異類（夫）と人間（妻）は、ここでは対立しておらず、むしろ融和・親和の関係にある。この「片側人間」は、できるだけ早く〝片側性〟を帯びた状態から完全な「異類」への移行を望んでいるのである。事実、二二二～二二三頁に示した異類婚姻譚の七つのタイプを比較してみると、この昔話Ⓕに近接する昔話では、たとえば、昔話Ⓓや昔話Ⓔでは異類の妻になった女は、完全な異類の姿を獲得しているかにみえる。

さて、そこで、私たちは実際には採集されていないが、論理的には考えうる二つのタイプの「片側人間」の登場する「異類聟・嫁入り」型の昔話を想定してみよう。

一つは昔話Ⓕつまり事例5の登場人物である女が、蛇ではなく鬼のところに嫁入りしていくという話である。おそらく、この場合は、これまでの議論に従えば、この女は、ある時点で、体の上下もしくは左右の半分が鬼である「片側人間」となり、やがて完全な異類になってゆく、というような内容になるのではないだろうか。子どもが生まれれば、もちろんその子は母以上に鬼に近い子どもになるであろう。

いま一つの昔話は、昔話Ⓒつまり事例1や事例2などの「鬼の子小綱」の昔話の異類聟を「鬼」から「蛇」に変えたものである。このような話では、蛇の妻は人間の姿であり続け、その子どもが体の左右もしくは上下の一方が蛇である、人魚やケンタウロスのような「片側人間」になるはずである。そしてその子どもは、やはり最後は、父(蛇)と母(人間)の属する二つの世界にはさまれて、引き裂かれていくことになるのだろう。これに近接すると思われるのは、昔話Ⓑであるが、短期間の夫婦生活なので、残念ながら子どもは生まれていない。

右に想定したような昔話は、日本の民俗文化のコンテキストのなかでも存在しうる話である。しかし、なぜかわからないが存在していないようである。

ニーダムは「片側人間」のイメージをただちに人類普遍というユングの元型に結びつけて説明した。しかし、右の考察から、そうしたイメージが民俗社会の人々の異類に対する微妙な意識を反映したもので、一筋縄では解きえないということが明らかになってきたはずである。

「鬼の子」＝鬼と人間のちょうど真ん中

ところで、これまで、私たちは「鬼の子小綱」に現われる〝片子〟とか〝片〟〝片角子〟などと呼ばれる「片側人間」のイメージが、なぜ造形されるのかを考えるために、この昔話群を取り囲んでいる「異類聟・嫁入り」型の昔話に属する多くの異類婚姻譚を検討し、そしてその構造的な位置を確定することによって、そのイメージの造形のプロセスをある程度明らかにしてきた。

その結果、このようなイメージをもった子どもは、異類婚姻譚の「異類聟・嫁入り」型の昔話のすべてに姿を現わすわけではない、ということが明らかになってきた。いま少し詳しく述べると、異類の男と人間の女の婚姻という、一見したところでは同じ条件のもとにありながら、異類が「鬼」や「蛇」や「猿」などの違いによって、生まれてくる子どものすべてが、父と母の双方の対立する属性を半分ずつ継承したことを如実に物語る〝片側性〟を帯びた存在として描かれるわけではないのだ。

さらにまた、〝片側性〟をもった子どもであっても、民俗社会の人々の異類に対する肯定から否定へ、否定から肯定へと状況に応じての微妙な揺れ、つまり両義的態度や心性が反映されているのである。それらの子どもは、異類排除の心意がかなり強く現われている物語のなかでの、異類婚姻の末に生まれた子どものイメージとして描き出されている、といえるはずである。

こうした異類婚姻の結果生まれた子どもの多様性は、「鬼の子小綱」のなかの鬼の子の典型としての〝片子〟や〝片角子〟といった「片側人間」を中核にすえつつ、それをそれ以外の「異類聟・嫁入り・子ども誕生」型と比較した結果として現われてきたものである。

しかしながら、注意深く「鬼の子小綱」の昔話群に属する昔話に限定してそのヴァージョンを比較してみても、なるほど、たしかに「片側人間」のイメージをもった子どももかなり登場するのだが、鬼と人間の間に生まれた子どもが、必ずしも決まってそうしたイメージを帯びた子どもとして描かれているわけではないことに気づくはずである。そこで、「鬼の子小綱」の昔話群を眺め渡してみよう。まず気づくのは、意外にも、話型名が〝鬼の子〟になっているにもかかわらず、鬼の子つまり異類婚姻の結果生まれたという子どもが登場しない話が、けっこうあるということである。

事例8　女房が鬼にさらわれる。夫は白い犬を連れて探しに行く。犬が岩の間から機を織る音を聞きつけ、女房を発見する。女房は夫を帰し、犬だけ隠しておく。鬼が帰ってき、人が来たときに咲く花が咲いているのを見て、誰か来たはずだ、と疑う。女房は、腹の中に子どもができた、といってごまかす。鬼が酔って寝込んだのをみすまして、犬と女房は逃げ出す。川を渡ろうとしていると、鬼が追いかけてきて川の水を飲み乾そうとする。金のヘラで腹をたたくと、鬼が笑って水を吐き出したので、逃げ帰ることができた。

――青森県八戸市――

この事例では、さらわれてきた女が鬼に向かって、「お腹に子どもができた」といってだましていることからわかるように、この女と鬼との間には性的関係がもたれている。しかし、二人の間には子どもは生まれていない。

鬼の男と人間の女が夫婦生活に入って子どもを生む、という昔話群の方に目を向けてみよう。この昔話群にもかなりの差異が認められる。たとえば、物語の発端となるエピソードは、事例2のように、鬼に妻や娘、妹などがさらわれていくグループと、事例1や事例3のように、異類と人間との間での「富」の交換によって人間の女が鬼に渡されるグループに大別される。

しかも「鬼の子小綱」の発端の多くは前者の方なのである。したがって、このモティーフからも、「鬼の子小綱」の昔話に現われた民俗社会の人々の心意は、異類と人間の対立、異類婚姻の否定であったことが浮かんでくるであろう。

さて、私たちが問題としている鬼の子のイメージに目を向けてみよう。意外なことに、これにもかなりの差異があることがわかる。あるテキストでは、ただ「鬼の子」と述べるだけで、この子どもの姿かたちには少しも関心を示していない。このようなテキストがもっとも多い。別のあるテキストでは、その姿かたちを「鬼のような、人間のような子ども」と表現する。またあるテキストでは、「片目」だったと語る。しかし、〝片側性〟を帯びた子どもとして描き出すものがかなりあり、とくに東日本、それも東北地方で採集されたテキストに多く現われている。

私の推測になるが、東北地方から採集されたテキストのなかには、テキストのなかではっきりと「片側人間」であるとは語られていないが、語り手や聞き手たちには「片側人間」であることが了解されていたものもあるにちがいない。

すでに述べたように、私がミクロネシアのポンナップ島で採集した昔話にもヤニュー・ヤラマ（ヤニューは「神」、ヤラマは「人」という意味である）と呼ばれる「片側人間」が登場するが、このヤニュー・ヤラマの姿かたちが、体の右半分が人間で、左半分が神もしくは妖怪であると知ったのは、昔話それ自体からではなく、昔話などに出てくるヤニュー・ヤラマの属性や役割について質問しているときで、聞いてみると、その〝片側人間性〟は島民には衆知のことなのであった。

これまでの考察から次第に明らかになってきたのは、「鬼の子小綱」の昔話群のなかにあっても、「蛇聟・嫁入り」型の昔話ほどではないが、鬼と人間の間に生まれた子どものイメージはかなり揺れている、ということであった。

すなわち、一方の極に完全な鬼の姿かたちや属性をもった子どもを、もう一方の極に完全な人間の姿かたち・属性をもった子どもを仮に想定すると、この昔話群の鬼の子のイメージも、かなりの揺れ幅をもっていると表現できるであろう。こうした揺れは、母たちとともに逃げてきた子どものその後の身の処置の仕方にも現われている。たとえば、事例2では、人間の世界には住めないといって、父のところに帰っていく話であった。

ところが、これとは逆に人間の世界にそのまま住みつくという話もある。念が入ったことに、そのために角がなくなるというエピソードを語っているものまである。事例1では、子どもは人間の世界、鬼の世界のいずれにも入らず、死の世界への道を選んでいる。父を裏切り、しかし母の国ではその姿のために鬼の子としていじめられる。〝片子〟が、行くべき世界は、死の世界しかない、そのようにテキストは語りかけているのであろう。

すなわち、自死を選ぶ〝片子〟たちは、二つの極つまり完全な人間と完全な鬼の二つの極のちょうど真ん中の位置、両極の中間点に位置しているような子どもなのではないだろうか。彼らは人間の側にも、鬼の側にも属性が傾いていない、つまりまったく同程度に半分は鬼であり、半分は人間であるという属性を帯びている。それゆえに、「片側人間」としての鬼の子は、人間界と異類界のどちらにも移行しえないという、きわめて特殊な構造的位置を占める説話的形象なのである。

次に示す事例は、このことをもっとも象徴的に語っているかに思われる。

事例9　ある夫婦が山のなかに住んでいる。妻が山に行ったまま帰らないので、夫が探しに出る。長い旅の果てに、とある山のなかで、体の片方が人間で、もう片方が鬼である子どもと出会う。妻と再会し、妻は鬼の妻にされて、その子どもを生んだと語る。鬼が山に行っている間に子どもの助けをえて、三人は日本まで逃げ帰る。子どもは、自分の体を二つに裂いて家の前に張って欲しい、という。親がさかぶちに子どもの死体を張ると、追ってきた鬼も入れず、引き揚げていく。節分につくるやきこがしとは、この子どもを表わしたもので、このときから始まった。

――山形県新庄市――

鬼の子の〝片側性〟は、ここではまるで左右半分に体を引き裂かれるための造形であったかの印象さえ与える。

ところで、この「鬼の子小綱」の昔話もしくは〝片子〟に関しての研究は、これまで皆無に近い状況にあったが、そのなかでわずかに五来重《ごらいしげる》と河合隼雄が興味を示し断片的ではあるが、傾聴すべき意見を述べている。

五来は、①何のために鬼は人間の女に子を産ますのか、②鬼の子はどうして父を捨てて人間世界まで逃竄《とうざん》しなければならないのか、③鬼の子はどんな理由で『小綱』という名を持つのか、④鬼はなぜ海河の水を飲み涸すのか、⑤そして最後にどうしてヘラで、ところもあろうに、尻などを叩くのか、という五つの疑問を抽出する。

そして、過去の神話や伝説、儀礼などにみられる類似したモティーフに着目することで、①ある家系の超人的能力を説明する、②他界にいる鬼の子を人間がこの世に取り戻して英雄として迎える、③〝小綱《こづな》〟の名は東大寺の堂童子階級の「小綱《しょうこう》」と関係がある、④黄泉国からのイザナキの逃走のさいの放尿＝巨川のモティーフやスサノオの「河海を悉《ことごと》く泣き涸らす」モティーフの変形である、⑤厄除けになる杓子と糞かきベラの置換による、という答えを導き出している。また、鬼の子の自死に関しては、「鬼の子ももとは死んで神とまつられ、子孫を護り衆生を利益した」という、もとの「鬼の子小綱」の変化型であろう、と説いている（『鬼むかし』角川書店）。

五来説には、参照すべき解釈と疑問とすべき解釈が入り混じっていると思うのだが、ここではその吟味は控えておこう。問題は、鬼の子の〝片側性〟である。しかし、五来はこの点についてはまったく言及していない。残念ながら、私たちは右の五来の解釈では、〝片側性〟のイメージの歴史的形成の様子をうかがうことはできない。

これに対して、河合隼雄は、日本の昔話にみられる「鬼が笑う」モティーフに着目し、その心理学的解釈を行なう過程で「鬼の子小綱」の鬼の子、つまり「片側人間」に気づいたのだが（『昔話と日本人の心』岩波書店）、このイメージのなかに「西洋で心理療法の訓練を受け、思想的には強く西洋の文化の影響を受けつつ、やはり日本人として抜き難い日本人性をもち続けている私は、自らを『片子』と同一視して物語を読んできたので、片子の自殺という結末は極めてショッキングなことであった」と述べ、日系の二世や三世やそれに類似した立場にあるその他の人々のメタファーを見出したに留まっている（「物と心」『図書』第四四二号）。

日本文化の内奥に潜む〝複雑な差異体系〟

五来は〝片子〟を無視し、河合は〝片子〟に特権的地位を与えようとしているかにみえる。しかしながら、私は、この両者とは異なって、これまで考察してきたように、この〝片子〟つまり「片側人間」を、異類界（他界）と人間界（この世）の二つの世界の結合と分離を確認するための形象であるということを、異類婚姻譚の多様なヴァリエーションのうちのほんの一角に姿を現わすモティーフでしかないということを明らかにしてきた。それは、〝片子〟のイメージの形成の意味や「片側人間」「異類聟・嫁入り」型における構造的位置の確認とでもいうべき作業であった。そしてこの作業から明らかになったのは、「片側人間」としての鬼の子は、きわめて特殊な存在である、ということであった。

しかし、本当にこの〝片子〟は特殊な形象なのであろうか。というのは、私たちの考察は、異類婚姻譚のうち「異類聟・嫁入り」型にのみ限定されており、もう一つの「異類女房」型の異類婚姻譚、すなわち、人間の男のところに嫁入りして来る異類の女およびその女が生んだ子どもについての吟味をまだ行なっていないからである。そこに、私たちが探し求めている「片側人間」が存在しているかもしれない。また、異類婚姻と類似した物語、つまり神仏に祈願した結果生まれたいわゆる「申し子」のなかにも「片側人間」がいるかもしれないのだ。

昔話だけの探求では充分ではないであろう。伝説や神話・説話のなかにも異類婚姻譚があるので、そうした説話のなかに語られている子どもたちのなかにも、「片側人間」がいるのかもしれない。

こうして、私たちは類似と差異からなる「異類婚姻の宇宙」とも称すべき広大な説話世界へと足を踏み入れていくことになる。

「片側人間」は、ニーダムの解釈によって片づけてしまうわけにはいかない形象である。それはひと言でいえば、日本文化の内奥に潜む複雑な差異体系へと私たちを導いていく素晴しい案内人なのである。異類婚姻譚の追究の彼方に、日本の民俗社会が描いていた〝人間〟観が浮かび上がってくるにちがいない。

神から授かった子どもたち
——「片側人間」としての「宝子・福子」

再び「片側人間」を求めて

日本文化の解読作業を重ねていくうちに、私は「異類婚姻」のモティーフをもった説話がきわめて重要な位置を占めていると痛感するようになった。

たしかに、このことはとくに目新しい見解であるわけではない。日本の民間説話研究の先駆者である柳田国男やそれを継承・発展させた関敬吾、最近では小澤俊夫も、日本の説話の特徴を「異類婚姻」のモティーフに見出してきた。その意味では、私もその流れのなかに位置する者の一人にすぎない。

しかしながら、私がとりわけ興味深く思っているのは、この「異類婚姻」のモティーフが、双子の片割れのようなモティーフであって、実はもう一つの片割れである「異類排除」のモティーフと深く結びついているということにある。つまり、「異類婚姻の宇宙」はその背後に「異類排除の宇宙」をもち、それと対《つい》になることによって全体を構成しているのだ。

「異類婚姻」や「異類排除」のモティーフを含み込んだ説話は日本にはまことに多い。私たちの前に広がっている「異類婚姻の宇宙」は底知れぬ深さをもっているかにみえるのである。

そこで、この宇宙に足を踏み入れる手懸りとして、異類婚姻の結果生まれた〝子ども〟に着目してみることにしたわけである。そうすることで扱うべき「異類婚姻譚」をかなり限定することができ、したがってアプローチしやすくなると思われたからである。

さらに、ここではもう一つの枠が課せられている。「異類婚姻譚」は神話や伝説にも数多くみられる。しかしながら、ここでは、昔話に考察の素材を限ることにした。昔話としての「異類婚姻譚」は、神話や伝説としての「異類婚姻譚」と深い結びつきをもっており、あえてそれを無視して考察を展開することは、議論の展開の点で問題がないわけではない。しかし、紙面の都合もあって、ここでは、「異類婚姻の宇宙」に着実に分け入るために、結局はその方が妥当なのだと判断した。

人間と異類が婚姻した結果生まれてくる子どもは、どんな子どもなのか。昔話にはその子どもはどんな姿をしていて、人間にどのように扱われるのか。その行末は幸福だったのか、それとも悲惨な結果が待っているのか。

こうした疑問をいだいて、私は昔話の世界へ入って行った。その直接の道案内人となってくれたのが、イギリス人の社会人類学者R・ニーダムが注意をうながした、世界各地にみられる興味深い文化表象である「片側人間」であった。「片側人間」とは、ニーダムによれば、体の半分が人間であり、もう一方の半分は、別の存在かもしくは欠落しているような形象であって、神話や儀礼などにみられるものである。人間の「片側」というと、体の左右の一方という印象を与えるが、ニーダムの「片側」はもっと広い概念規定がなされていて、体の前の側と後の側という「片側」や上半身と下半身という「片側」も含まれている。

では、こうした「片側人間」は日本にも存在しているのだろうか。ニーダムはもちろん、それに刺激されて日本における「片側人間」の形象を探そうとした吉田禎吾（『宗教人類学』東京大学出版会）にも気づかれなかったのだが、実はこの「片側人間」は、日本の昔話のなかにも登場していたのである。その昔話が「鬼の子小綱」と呼ばれる昔話群で、そこに登場する「片側人間」は〝片角子〟とか〝片子〟とか〝片〟といった片側性をあらわす名称を与えられており、はっきりと体の右半分が鬼、左半分が人間の姿をしている子どもであった。そして、まことに興味深いことに、この「片側人間」である子どもは、異類婚姻によって生まれた子どもだったのである。

「鬼の子小綱」の昔話は次のような話であった。

人間の女が鬼（男）に連れ去られて、鬼の世界で鬼の妻となって生活することになる。女の夫とか父といった人物が、その女を探し求めて方々を巡り歩いた末に、ついに鬼の妻になっているのを発見する。女は鬼との間に子どもをもうけていて、それが「片側人間」の子どもであった。男は女と子どもを連れて逃げ帰るが、子どもはその姿のために、人間界では住めないといって、去っていくか死んでいく。

こうした話から、私の頭のなかに、人間の女と鬼の男が結婚して生んだ子どもは、つねに「片側人間」なのか、これとは逆の組合せの人間の男と鬼の女の婚姻からも「片側人間」が生まれるのか、鬼ではなく他の異類との婚姻から生まれる子どもも、やはり「片側人間」なのか、という疑問が浮かんできたのであった。それを丹念に検討してみようとしたのが、本書前節（二〇五頁）のエッセイである。

その小文では、「鬼の子小綱」と同系統の、他の異類のところに人間の女が〝嫁入り〟していく「異類聟・嫁入り型」として分類されている昔話群のなかに、「片側人間」のイメージをもった子どもを探し求めた。その結果、他の異類聟から生まれた子どもには、「片側人間」がいないことが明らかになった。だが、意外なことに、蛇聟の昔話群のなかに、上半身が人間で、下半身が蛇という、人魚やケンタウルスを想わせるような「片側人間」には出会うことができた。

ところが、この「片側人間」は蛇の世界に嫁入りした女が、蛇の世界で生活を重ねた結果の、いわば変身した姿であった。つまり、異類婚姻は、そこから生まれた子どもを「片側人間」にする場合と、異類婚姻の当事者である人間の女も「片側人間」にするということが浮かび上がってきたわけである。

では、異類が男ではなく、女になった「異類女房・嫁入り型」の昔話など、前節のエッセイでは触れなかった昔話群のなかにも、「片側人間」が登場してくるのだろうか。その答を求めて、私たちは再度、昔話の世界へ、「異類婚姻の宇宙」へと分け入ることにしたいと思う。

「異類聟・聟入り型」の昔話群

人類学では、結婚後の居住形式を、妻が夫の側に移動して夫婦生活を始める「夫方居住婚」と、逆に夫が妻の側に移動する「妻方居住婚」に分類することがある。これに従うと、前節で扱った「異類婚姻譚」は、人間の女が異類の男の方へと嫁入りしていく夫方居住婚の形式を示していたといえる。

では、日本では、異類の男が人間の女の側に聟入りしてくる「妻方居住婚」の形式に従ったような「異類婚姻譚」、これまでの表現の仕方をすれば「異類聟・聟入り型」と称すべき昔話は存在しているのだろうか。

周知のように、日本の社会では「夫方居住婚」が圧倒的に多かったので、こうした実社会に矛盾しないような内容の昔話が好まれただろうと推測すれば、「妻方居住婚形式」の昔話は存在しにくいだろう、ということになる。理論的には想定しえても、現実の社会が受け容れない、ということはよくあることである。

ところが、日本では、こうした受け容れにくい「異類聟・聟入り型」の昔話も語り伝えられている。それが「異類聟・苧環型《おだまき》」とか「異類聟・針糸型」などと呼ばれている昔話群である。関敬吾編『日本昔話大成』（角川書店）から例を挙げてみよう。

事例1 一人娘が毎日、機織りをしてしゃべっている。母が聞くと、侍がくるという。母が不審に思って覗いてみると、蛇であった。母は侍の袷《あわせ》の裾に針を三針縫えと教える。翌朝、糸をたどっていくと、庭の桜の木のなかに続いている。木のなかで蛇が苦しんでいる。蛇の親は人間を迷わせたからだ、という。蛇は、娘に蛇の子をはらませたから娘も死ぬと答える。親蛇は、五月の節供の蓬と菖蒲を煎じて飲み、たらいに水を汲んでまたがれば、蛇の子がおちて、人間の娘は助かる、という。娘の母はこれを立ち聞きして、そのとおりにして娘は助かる。蛇は死ぬ。

――福島県相馬郡――

事例2 長者の家の娘に、毎晩のように丑の時刻になると、男が来て泊まって行く。娘はだんだんやせてくる。心配した母親が、娘に木綿糸をつけた針を渡し、男の袴の裾に刺すように、という。翌朝、父が糸をたどっていくと、家の後の種池に、血だらけの大蛇が浮いている。娘が身籠ったので、両親は堕胎する方法を知るため、神主に拝んでもらう。菖蒲湯を沸かして入るようにいわれ、娘を入れると、風呂の湯がこぼれるほどの小さな蛇をいっぱい生む。その日が五月五日であったので、それからはこの日は女の厄払として菖蒲湯に入るようになる。

——宮城県旧桃生郡——

この昔話群は、三輪山伝説や九州の緒方三郎伝説の影響を受けた昔話で、古い時代の「妻訪《つまど》い婚」の婚姻形式を残した話だとされている。たしかに、『日本昔話大成』に収められている話は、昔話の形式をもったものよりも、伝説として語られていたものの方が多い。

ところで、この昔話には、私たちが注目している人間の女と異類聟（蛇聟）の間に生まれる〝子ども〟が存在している。しかし、この子どもは魔物の子として堕胎されて殺されてしまうのである。生まれた子どもの姿は蛇であって、しかも一匹ではなくたくさんの小蛇として語られることが多い。つまり、異類婚姻であるが、ほとんど母の属性をもたない蛇の子なのだ。

この「蛇聟・聟入り型」は、前節で紹介した「蛇聟・嫁入り型」とほとんど変わらない。その差異は、前者が蛇聟が蛇の世界に人間の女を連れて行って、そこで人間の女を通じて子どもを生むのに対し、後者の場合、蛇が人間界にやってきて人間界に人間の女を通じて子どもを生むという違いにすぎない。つまり、人間の女が、異界に行くかどうか、子どもが人間界に生まれるかどうか、という場所の差異だけなのだ。

ところが、異界に行った人間の女や子どもは異界から排除されたり、殺されたりしないらしいのに対して、人間界へやってきた蛇聟とその子どもの方は、人間によって排除されてしまうのである。したがって、この昔話群は、異類排除の観念が強くあらわれている昔話だといえよう。

注目したいのは、この昔話群が、五月五日の節供の日に行なわれる「菖蒲湯」と「女の家」（女の厄払い）の習俗の起源、あるいは胎児が魔物にとられたり、魔物の子をはらまないようにする民間薬の起源として語られていることである。このことは、現実の人間界に生まれた子どもが「異常性」を背負って生まれたとき、その子どもを魔物の子、怪物の子として排除したことを暗示させている。

たしかに、ある種の「異常」をもって生まれた子どもは、実社会で捨てられたり殺されたりしていた。たとえば、柳田国男は『遠野物語』のなかで、河童の子を生んだということで、その子を捨てた話を紹介しており、斎藤たまも『生とものの け』（新宿書房）のなかで、歯が生え揃って生まれた赤子を「鬼子」と呼んで嫌い、焼き殺していたという屋久島で採集した話を報告している。

私自身も高知県の香美市物部町で、一つ目の怪物を生んだので、その赤子をたらいに入れて外に出して置いたところ、翌朝、赤子の姿が消えていた。おそらく、天狗かなにかの魔物の子だったのだろう、という話を耳にしたことがある。どうして魔物の子を生んだのかと尋ねたところ、女がまったく知らないうちに、魔物が女に忍び寄って交わったのだろう、ということであった。実生活での異類婚姻は、こうして行なわれる、と信じられていたのである。

この「異類聟（蛇聟）・聟入り型」と「異類聟（蛇聟・猿聟・鬼聟など）・嫁入り型」とを比較したときに気づくことが、実はもう一つある。それは後者の昔話の多くが、異類と人間との間で田の水と娘との「交換」を行なっているのに対し、前者ではそうした「交換」がなく、一方的に「異類」が聟入りして来ているということである。その点からも、前者の昔話には「異類排除」の観念が色濃くあらわれていることを理解できるだろう。もし、「交換」が成立していれば、これほどまでの厳しい排除には至らなかったかもしれないのだ。

こうした推測を支持しているかにみえるのが、やはり「異類聟・聟入り型」のヴァージョンにして「異類聟・水乞型」のヴァージョンでもある「蛙報恩」および「鴻の卵」と呼ばれる昔話群に属する一群の昔話である。

事例3　蛇が蛙をのんでいる。爺が娘をやるといって蛙を逃がしてもらう。爺が上の二人の娘に相談するが、断わられる。末娘が嫁に行くといい、別に家を建てて住む。蛇が聟に化けて来る。娘は蛇に見入られて、やがて病気になる。助けた蛙が六部に化けてやってきて拝むと、蛇聟が死んでしまう。

——兵庫県旧氷上郡——

事例4　蛙が蛇にのまれそうになっているのを爺が助ける。その爺の娘が妊娠して腹が大きくなっても子どもが生まれない。巫女を呼んでみてもらう。蛇が若い男に化けてはらませたのだった。巫女は、鳥の糞をのませればいいという。大きなたらいに娘をすわらせて、鳥の糞をのませると、蛇の子がおちてたらいいっぱいになった。巫女は助けた蛙であった。

――青森県むつ市――

この二つの事例には、爺と蛇と蛙の三者間の「交換」が行なわれており、事例の1・2のように、蛇が一方的に聟入りするのではなく、当然の権利として聟入りしてくるのである。したがって、人間の側は排除の念をもっていながらも、この聟入りを容認せざるをえなかったという観念がみられる。つまりここでは、蛇は人間に対して「力」をもっているのだ。もし蛙が助けに来なければ、この婚姻は継続していたであろう。そして生まれた子どもは、人間界に留まり、人間界で成長することになったはずである。

もっとも、昔話では、異類聟（蛇聟）が人間界にやって来て生んだ子どもが、立派に成長したという話はあまり存在していないようである。けれども、ないわけではない。たとえば、次のような話は、それにあたるであろう。

事例5　娘のところに男が通ってくる。母の助言で、男の着物の襟に縫針を刺しておく。糸をたどっていくと、奥山の岩窟のなかに入っている。なかでうなり声がする。娘が声をかけると、男の声で、負傷して会うことができない、これがお別れだ、と答える。どうか顔を出して欲しいと頼むと、眉間を刺された大蛇があらわれ、自分は死ぬが腹の子は大切にせよ、必ず偉い者になる、といって死ぬ。

——岩手県遠野市——

たしかに、この事例では、娘の腹の子はおろされないですんでいる。そのときは、人間界で育てられるのだ。そして偉い人間になることを、蛇の子であるがゆえに保証されるのである。

だが、この蛇聟と人間の娘の間に生まれた子どもは、完全な人間、つまり身体的には蛇性をまったくもたない人間だったのだろうか。

私は、ひょっとしたら、この子どもは「片側人間」なのではないか、との疑いをもったのだが、はたしてどうだろうか。

もっとも、いわゆる〝片子〟や人魚のような「片側人間」とは考えがたい。すでにみたように、そのような「片側人間」であれば、周囲の人びとから排除されてしまいそうなのだ。それは、人間界では「化物」であろう。では、どんな〝片側性〟を帯びた人間なのだろうか。

『日本昔話大成』に収められている、昔話というよりも伝説といった方が妥当な、次のような話に、それが示されているように思われる。

事例6　五十嵐川の上流のある村の娘のところに、毎晩、男が通ってくる。母親が心配して、着物の小褄《こづま》に針に糸をつけて娘に刺させる。翌朝、娘が糸をたどっていくと、いんないの淵でつきている。娘が立っていると、水中から男があらわれる。淵の主の大蛇であった。祠をこうむったが、腹の子は大切にせよといって、針の毒で大蛇は死ぬ。子どもには腋の下に三枚の鱗がある。長じて五十嵐小文治と名乗り、四十五人力ある。その子孫には、代々腋の下に三枚の鱗があるという。

──新潟県見附市──

これまで紹介してきた昔話が、「昔々、あるところで」といった具体的な時空から切り離された形で語られているために気づかなかったのだが、そうした昔話が特定の時空に結びつけられたとき、たいへん大きな問題を私たちに投げかけることになる。というのは、伝説とは、それを語る人びとにとっては「歴史的事実」だからである。

この小論では、私は注意深く、伝説の世界へは足を踏み込まないようにしてきた。しかし、ここでは少し、伝説のもつ重要さについて述べておくべきだろう。というのは、右に紹介した事例では、それに言及しなければ意味がないからだ。

まず、異類聟（蛇聟）と人間の娘との間に生まれた子どもについて吟味してみよう。

この子どもは完全な蛇でもなければ、完全な人間でもない。しかしほとんど人間であって、ただ腋の下の三枚の鱗に蛇の属性が留められているだけである。私たちは、それを〝片側性〟の痕跡ととらえ直すこともできるはずである。この程度の〝片側性〟であれば、人間界において〝人間〟の仲間として生存することが許されるというわけだ。身体上の〝片側性〟は鱗三枚なのだが、その力の〝片側性〟は普通の人間の四十五倍、つまり四十五人力としても示される。これは明らかに〝異常〟であるが、身体上はほとんど人間であるためにだろう、「化物」として排除されるに至ってはいない。むしろその力のために、この地方の英雄＝豪族となったのである。これは、明らかに、『平家物語』にみえる、豊後の豪族緒方三郎の祖先が、異類（蛇聟）婚姻をしたために、身体に鱗をもっていた、とする伝承と重なり合っている。

ここで重要なことは、異類婚姻の結果生まれた子どもの子孫が、現在まで続いていると語られていることである。「片側人間」らしき人物が実社会に存在していることが、この伝説の一番大事なメッセージなのだ。

ところで、この伝説にはもう一つ重要なメッセージが託されている。それは、不明瞭ながらも鱗三枚によって暗示させた「片側人間」としての五十嵐小文治の祖先である、大蛇の背後に見え隠れしている〝人間〟の姿である。

この大蛇は「いんない」の淵に住んでいたという。この「いんない」はおそらく「院内」のことであって、堀一郎の『我が国民間信仰史の研究（宗教史編）』（東京創元社）

によれば、主として土御門《つちみかど》家支配下の下級陰陽師系統の人々を意味する語であった。とすると、この伝説にみえる淵の主としての大蛇とそうした人々の姿がオーバー・ラップしているとも考えられる。速断は許されないが、この伝説は、そうした人々を異類視した結果生まれたものと考えることもできるかもしれない。

だが、それを排除するのではなく、その異類との婚姻を通じて、むしろ特別の力＝聖なる力をえて、有力者になったと説いているので、まだ中世の陰陽師の呪力が残っている伝説ともいえるであろう。

こうしてみると、昔話の「異類聟」は、「異類聟」伝説と照らし合わせた読み直しも必要になってくる。けれども、それについては機会を改めて考えたいと思う。

「異類女房」系統の昔話群

さて、これまでは「妻方居住婚」形式を示す「異類聟」系統の昔話の吟味であったが、以下では、それと対称になっている「異類女房」系統の昔話のなかに、「片側人間」が存在しているかどうかを調べてみたいと思う。

「異類女房」型の昔話群は、「異類聟」型がそうであったように、やはり「異類」の違いに応じてさらに下位区分されている。主要なものを挙げると、「蛇女房」「蛙女房」「蛤女房」「魚女房」「竜宮女房」「鶴女房」そして「狐女房」「天人女房」などである。

さらに、関敬吾が「異類女房」型に含めず、「鬼の子小綱」がやはりそうだったように、異類婚姻のモティーフを含みながらも、人を取って殺そうとする恐ろしい異類、妖怪に追いかけられるというモティーフを含んでいる点にとくに注目して、「逃竄譚」として分類した「食わず女房」も挙げねばならない。

こうした「異類女房」の昔話を眺め渡してみると、異類との交渉の肯定と排除の双方がみられることに気づく。「天人女房」では、人間の男が天人の美しさに魅了されて、その衣を盗んで結婚する。ここには異類との積極的な婚姻が期待されている。ところが「食わず女房」では、飯を食べないということで迎えた嫁が実は大飯食いで、しかも頭の上に大きな口をもった妖怪（正体は山姥とか蜘蛛の化物などと語られる）であったので逃げ出したり、殺したりする。したがって、ここには強い排除の念がみられる。

「天人女房」を一方の極とし、「食わず女房」をもう一方の極としたとき、その両極に分散しているのがその他の「異類女房譚」だといえるかもしれない。そこには異類婚姻を否定しつつも完全に否定しきれない人々の観念が表出されている。

これらの昔話を「異類聟」系の昔話と比較してみると、いくつかの特徴が浮かび上がってくる。まず、「異類聟」では、異類は人間との間で取り交わした交換の代償として、あるいは一方的な誘拐・妻訪いなどによって人間の女を妻として手に入れる。ここでは、異類が聟であることが最初から明らかになっていて、人間はその異類に人間の女を与えたくないという観念が存在している。にもかかわらず、異類のところに連れて行かれるのだ。そして連れて行かれた女は、やがて異類の世界の住人となり、その姿も極端な場合では異類に変わってしまう。

これに対して、「異類女房」では「天人女房」を除き、人間の男は嫁入りして来る女が人間の女の姿に化けているので、異類であることをまったく知らないのである。男は人間の女と思って結婚し暮らしている。正体が明らかになったときは、別れのときなのだ。

では、なぜ異類女房は人間の男と婚姻したがったのか。「異類聟」の場合はその点があまりはっきりしない。だが、「異類女房」の方は、人間の男に助けられた恩を返すために嫁入りして来るのである。

さて、こうした差異があるわけだが、私たちの関心事である〝子ども〟は生まれているだろうか。たしかに、子どもをもうける話がある。とくに「蛇女房」と「狐女房」、そして「天人女房」には子どもが生まれたとするものが多い。このうち「天人女房」の子どもは、天女自身がまったくといっていいほど人間の姿と同じなので、異類とはいうものの、これまでみてきたような「片側人間」の特徴を身体上に表わすことはない。子どもはまったくの人間であって、羽衣を奪われて人間の女と同様になってしまった母に似て、ふつうの人間の子どもとしてしか昔話のなかに姿をみせない。

では、「蛇女房」の子どもはどうだろうか。意外なことに、この蛇女房の子どもも天人女房の子どもと同様、人間の子ども同然なのである。

事例7　独り者の男が道に迷った女を泊めてやる。一緒に暮らすうちに子どもが生まれる。男がお産小屋をひそかに覗くと、大蛇がいるのが見える。女は正体を知られたので家を去る。子どもは蛇が置いていった目玉で育つ。その珍しい玉のことが殿様の耳に入り、差し出さねばならなくなったので、もう一つ目玉が必要になり、蛇からまたもう一つの方の目玉をもらう。その結果盲目になった母蛇のために、父と子どもは川岸に釣り鐘堂を建て、明けと暮れに六つの鐘をならして時刻を母に教えながら、一生暮らした。

——福島県南会津郡——

事例8　三井寺の下で、子どもが一匹の小蛇をいじめていたので、男がこの蛇を助けてやる。美女が来て泊まり、夫婦になる。やがて子どもが生まれる。出産の様子を見てはならないといわれたにもかかわらずのぞくと、大蛇がいる。かつて助けた小蛇であった。正体が知れたので、目玉を渡して去る。その玉を役人にとられる。三井寺の下に行くと、女があらわれて、もう一つの目玉を渡し、両目を渡したので盲目になってしまったから、朝晩がわかるように鐘をついてくれといって消える。

——香川県高松市附近——

「蛇女房」の昔話に登場する子どもは、大蛇の目玉をもらったので、魔物の鳴き声がわかる。殿様が高熱で死にそうなときに、玉を持って城の回りを歩き、寝殿の下で、なめくじと蛇とがまが死闘をしているのを発見し、これを除いて殿様を助けた、というきわめて異例の英雄的活躍を語った話もあるが、総じてなんの活躍もみせないふつうの人間の姿をした子どもとして描かれている。したがって、「蛇女房」の子どもはほとんど〝片側性〟を身に帯びていない人間ということになるだろう。

ただし、注意しておきたいのは、蛇女房が人間の姿に化けて（変身して）、人間界に現われながらも、出産のときは異類の姿に戻らねばならなかったことである。これは、人間の女が蛇の嫁になって異界に去って里帰りしたときに、寝ているときは嫁いだ先の蛇の世界の姿、つまり蛇に戻らねばならなかったことと対応しているといえる。人間界にやってくる異類は人間の姿をしているが、出産のときは蛇に戻り、人間界から去って異界に帰ったときは蛇の姿に戻るように、人間の女もまた、異類界に嫁入りしたときには異類になり、おそらくはそこの異類界で子どもを出産するときには、人間の姿に戻らねばならなかったらしいのである。

つまり、異類界では人間も異類の姿で生活し、異類もまた人間界では人間の姿で生活しなければならないという約束ごとのようなものがあったらしい。

「異類女房・嫁入り型」の昔話は右にみたように存在するのだが、残念ながら、実社会を反映してであろうか、「異類女房・聟入り型」の昔話は、理論的には想定しうるのだが、実際には話が存在していないので、これは残念ながら確かめようがない。しかし、理論上は、聟入りした人間の男は異類の姿に変らねばならないはずである。「蛇女房」の昔話は、″子ども″よりも″目の玉″の要素の方を強調しているかにみえる。しかも、多くは三井寺の鐘と結びつけた伝説的色彩の強い話が多い。おそらく、これには三井寺に集まった盲僧（琵琶法師）との関係や、大蛇（竜神）がもつという「潮《しお》満《み》玉《たま》」と「潮干《しおひ》玉《たま》」や仏教化された「如意《にょい》宝珠《ほうじゅ》」との関係が反映されているためであろう。

また、「狐女房」の昔話も、この「蛇女房」のヴァリエーションだといえる。この昔話群は、「蛇女房」の蛇を狐に変換したものであるかにみえる。だが、この昔話では異類婚姻の末に生まれた″子ども″に焦点が合わされている。というのは、「狐女房」の昔話は、その子どもが「日本一の八卦見」、つまり陰陽師になったということをことさらに強調する話が多いからである。例を挙げてみよう。

事例9　狐狩りをして、殿様の奥方に生肝を飲ませようとする。追われた狐を保名（安倍保名）が助ける。狐が嫁になってあらわれ、保名の嫁になり子どもをもうける。その子どもの名は「童子丸」という。母狐は、狐の姿を保名に見られて、故郷の信太《しのだ》の森に去る。このとき、童子丸は母から巻物と聴耳《ききみみ》頭巾を得て、占い師になり、奥方の病気の原因を除いて全快させる。道庵（道満が訛ったのだろう）という占い師が、保名を殺し童子丸を失脚させようとするが、狐が守っているので、童子丸の方が勝ち、日本一の占い師になる。

――山形県最上郡――

この「狐女房」の昔話は、きわめて伝説性の強い昔話で、ここには明らかに中世にはすでに流布していた「安倍保名・晴（清）明」の父子二代にわたる有名な物語＝「葛の葉」伝説の影響をみてとることができる。このことは、古浄瑠璃『信太妻』や『簠簋《ほき》抄《しょう》』などにみられる晴明伝説をみれば一目瞭然であろう。

たとえば、『簠簋抄』では、幼少期の晴明は、竜宮の乙姫が変じていた小蛇がいじめられているのを助けて竜宮に案内され、「聴耳頭巾」に相当する「烏薬《うやく》」を入手しており、その力で帝の病の原因をつきとめているのである。しかも、この晴明は、人間の女に化けた信太の狐が人間の父と婚姻した結果生まれた子どもであった。

すなわち、「狐女房」に登場する〝子ども〟は、たしかに「異常」な子どもなのだ。身体上にはそうした「異常性」、〝片側性〟はみられないのだが、狐より与えられた呪具がその役割を果しているために、「異常児」でありえているわけである。この子どもを「片側人間」の仲間に入れるかどうかは、なお検討の余地があろう。しかし、これまでの議論を踏まえれば、「片側人間」の仲間といってさしつかえないかもしれない。むしろ、ここで確実にしておくべきは、形態上の属性とともに、呪力等の「能力」という点での属性をも考慮に入れて考察すべきだということである。

周知のように、安倍晴明は、平安時代の陰陽師で、後世の陰陽師から陰陽道の開祖のごとくあがめられた人物であった。このことと、すでに紹介した事例6の「いんない」の大蛇伝説とが、陰陽師伝承という点で深い関係をもっているらしいということを重ね合せれば、納得がいくだろう。「狐女房」の子どもは、その身体の一部に狐のしるしもしくは蛇のしるし（鱗）をもっていたのかもしれない。

折口信夫を始めとして、中世の「信太妻」＝晴明伝説の研究は、かなりの数にのぼっている。その成果を取り入れての吟味を改めて行なう必要がある。

日本には存在しない「異類婚姻譚」

以上の検討で、ほぼ日本の昔話にみえる異類婚姻譚の検討は終了したことになる。けれども、日本には存在しないけれども、この他にもいろいろな異類婚姻譚を想定しうるはずである。

そのいくつかはもうすでに、この小文と前節の論稿のなかで考えてみたことである。たとえば、鬼の男と人間の女の婚姻があれば、その逆の鬼の女と人間の男の婚姻があっても不思議ではない。それが「食わず女房」なのかもしれないが、そこには子どもは登場しない。

厳密にいえば、人間の男が鬼の女のところに聟入りして、そこで人間の男の姿は鬼に変わるとか、あるいは、鬼の女が〝片子〟のような子どもを生んだ、というような話を理論的には想定しうるはずである。しかし、そのような話は存在しないのである。これはやはり日本の社会が「夫方居住婚」を重視してきたことによるのだろう。

　そこで、これまでの議論を踏まえて、参考のために、異類婚姻とその子どもの所在（どちらの親の側で育てられるか）を考慮に入れた「異類婚姻譚」の理論的に想定しうる八つのモデルを示しておこう（図1を参照）。黒く塗りつぶしたものが異類、白ぬきのものが人間で、矢印が婚出の方向、□はその婚姻で生まれた子どもとその子が育てられ

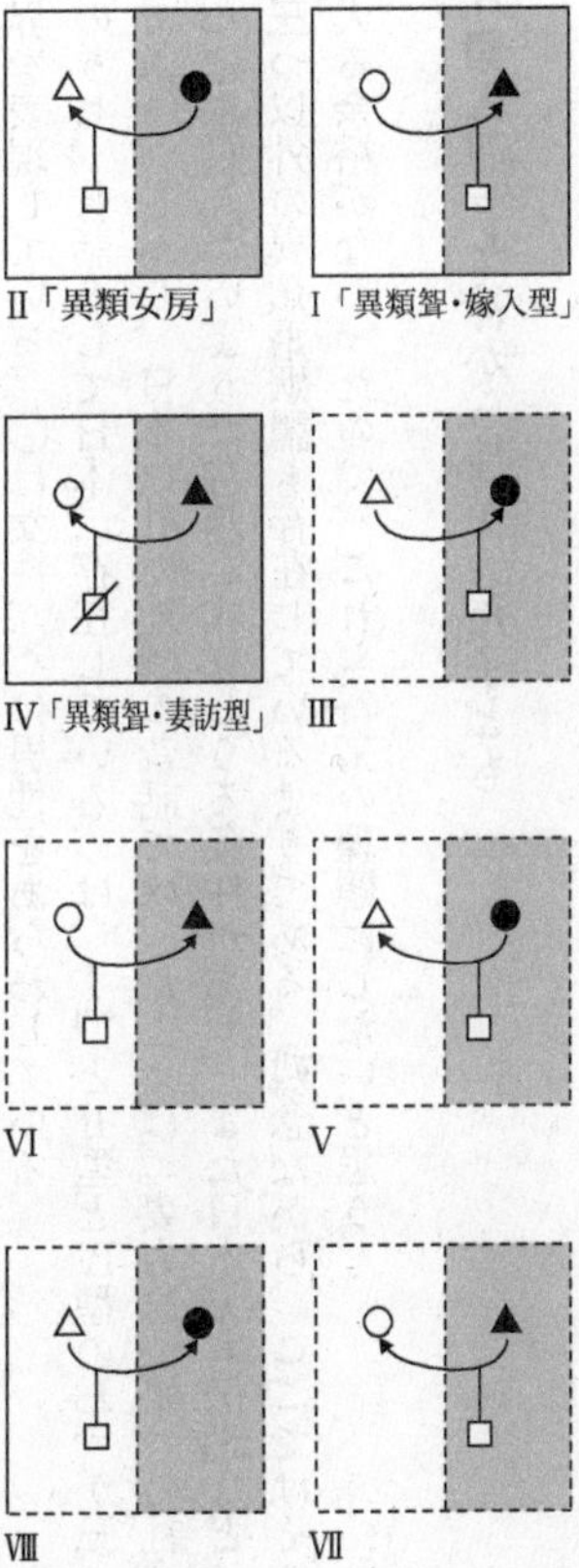

図1

る世界を表現している。○は女性、△は男性をあらわしている。

このうち、昔話として日本に存在しているのは、I型とII型とIV型のわずか三つの型のみである。しかし、日本以外の地域の昔話では、たとえば「妻方居住婚」の社会では、日本にはみられないような昔話が成立しうる条件があり、また日本でも伝説などでは、この三つ以外の異類婚姻譚も存在しているようである。残念ながら、ここではそこまで分け入る余裕がなかったので、これも将来の課題にしたいと思う。

「片側人間」と神から授かった子ども

私たちは、「鬼の子小綱」にみられた、体の半分が鬼で、もう一方の半分が人間であるという、完全な「片側人間」形象の発見を手懸りに、異類婚姻のモティーフをもつ日本の昔話を可能な限り検討して、〝片子〟と同様の「片側人間」が他にいないかを探し求めてきた。

その結果、上半身が人間、下半身が蛇という「片側人間」や、ややそれとは劣る、鱗を身に帯びた「片側人間」の仲間を発見してきた。けれども、残念ながら「異類婚姻譚」のなかには〝片子〟のような体の左半分が人間であるといった典型的な「片側人間」には再び出会うことができなかったのである。

では、日本の昔話には〝片子〟のような存在は、もういないのだろうか。前節で検討したように、〝片子〟は「鬼の子小綱」の昔話群のなかでもきわめて特殊な形象として孤立したものにすぎないのだろうか。

そうではない。〝片子〟の分身ともいえる「片側人間」が、日本の昔話には存在しているのだ。ただし、その「片側人間」は異類婚姻の結果生まれた子どもではなく、神から授かった子ども、つまり「申し子」もしくはそれに近い子ども、人間の夫婦の子どもとして人間の女の体を通じてこの世（人間界）に生まれて来た子どもであった。その子どもの名を、「宝子」とか「福子」などという。

この「宝子」について語った昔話は、関敬吾の『昔話の歴史』（至文堂）や『日本昔話通観』第四巻（同朋舎）に紹介されている。オリジナル・テキストはまだ未見なので、上述の関敬吾の本から引いておこう。

事例10　平六という大工夫婦がなんの因果か、片目・片身・片足の女児を生む。ある日、女房は恥かしくて、その子を布に包んで負って町に行く。途中で腰の曲った爺が、その子は宝子で、仏前において白米一粒をやると、一日に一両ずつ米を生むと教える。夫にそのことを告げ、言われた通りにして四、五両たまる。夫婦は欲を出して一度に沢山の米を与える。家に帰ると、その子は死んでいる。夫婦は再びもとの貧乏に戻る。

──宮城県遠田郡──

この昔話は、「もとの平六」と呼ばれる笑話に分類されている。ここに描かれている「宝子」は、片目・片身・片足というまさしく身の半分を欠落させた、「片側人間」の典型ともいうべき形象である。しかし、同様の形象を語っている話を、他に見出だすことができない。

その意味ではきわめて例外的なのだが、これとほぼ同様の昔話が青森県からも採集されている。私の推測では、少なくとも東北地方には広く分布していたのであろう。参考のために、『日本昔話通観』第二巻（同朋舎）にみえる青森県の話も紹介しておこう。

事例11 子どものない夫婦が願かけすると、目も鼻もない一つ口の子どもが生まれる。子どもが七つになったとき、いたこが、「『宝へい六』と言って、米のりを杓で頭からかけると一つだけ願いごとがかなう」と言う。夫婦がそのとおりにすると、望みの物が何でも出る。毎日一度ではものたらず、米のりを頭からかけずに口に持っていって何度も食べさせると、宝へい六はこわれてもとのへい六になってしまった。

――青森県弘前市――

おそらく、あまりにもすさまじい形象だったので、かつての民俗学者も意図的に無視してしまったか、あるいはこのような形象の重要さに気づかなかったかの、いずれかであるにちがいない。

それにしても、赤子の身が正常の赤子の半分しかないとか、頭に口が一つしかないというこの「片側人間」をどう考えたらいいのだろうか。片目・片身・片足という「片側人間」のもう一方の側は異界の側に属しているのだろうか。たしかに、もうこの探究は「異類婚姻の宇宙」というテーマからは逸脱しているのかもしれない。けれども、〝片子〟と共鳴しあうこの「宝子」については、やはり考察を加えておくべきだろう。

「宝子」という言葉が、昔話に出てくることはほとんどない。しかし、実社会では「宝子」とか「福子」とか「福虫」、あるいは「福助」と呼ばれる子どもが存在していたということを見逃すわけにはいかない。それは障害をもって生まれた子どもたちのことであった。そうした子どもを育てると、その家が富裕になると信じられていたのである。大野智也・芝正夫の『福子の伝承』（堺屋図書）は、その実態を明らかにした貴重な報告である。

「鬼子」「怪物の子」「魔物の子」として捨てられ殺されていった子どもが、実社会にあったことはすでに指摘した。しかし、その一方では、「鬼子」の姿かたちとどこまで重なるかは定かでないが、障害をもった子どもが捨てられることなく、「福の神」として大切に育てられる習俗も存在していたのである。その子どもをおろそかに扱うと不幸になる、これまでその子の力で獲得した「富」を一挙に失う、ということが民俗社会で語られていたのである。

悲劇的な結末を迎える「鬼の子小綱」の「片側人間」から出発した私たちは、こうして、ようやくもう一つの「片側人間」に出会うことになった。日本人は、どうやら、障害児に対しても、異類に対してと同様、両義的な態度で臨み、しかも「福子」と「鬼子」という二極分解したとらえ方・価値づけをしたらしい。

では、この「宝子」は、なぜ昔話のなかにはっきりと姿をみせないのだろうか。「宝子」のイメージは障害児やその他の〝異常〟をもった子どもの神話的表現にとどまるものなのだろうか。私たちは「宝子」とか「福子」といった名称こそ用いていないが、この反映と思われる昔話を「竜宮童子」として分類されている昔話群にすでに見出している(拙著『神々の精神史』講談社)。

しかし、その詳細については、稿を改めて考察することにしたい。

あとがき

妖怪《ようかい》に関する講演をした後のフロアーの方々との質疑応答の場で、しばしば、「鬼は妖怪なのか」とか「鬼と妖怪の違いを説明して欲しい」といった質問を受ける。たしかに、現代の日本では、妖怪という語も、鬼という語も、世間に広く浸透しており、その違いを一般の方々が明確に理解できるとは思われない。

しかしながら、妖怪を研究する私たちには、その違いは明白である。すなわち、「妖怪」は研究者が用い出した学術用語・分析操作概念であり、「鬼」は大昔から日本人が特定の現象や存在に対して用いた民俗語彙・民俗概念なのである。

学術用語としての「妖怪」は、「妖怪」を学術的観点から研究することを提唱した哲学者の井上円了《いのうええんりょう》が用い始めた。その後、「妖怪」という語は、民俗学者の柳田国男《やなぎたくにお》や風俗史学者の江《え》馬務《まつとむ》らによって学術用語・学術概念として用いられることになり、私たちもまたその考え方を受け継ぐかたちで用いている。

学術用語・学術概念であるということは、「妖怪」という語の用法が定義されているということである。したがって、その定義に見合う対象があれば、時代を超え、文化を超えて、「妖怪」を見つけ出すことができる。

留意しておきたいのは、学術用語・学術概念としての「妖怪」という点では共通するが、研究者によって「妖怪」の定義の中身は共通するものもあるが、かなり異なっていることである。私なりの定義は、『妖怪学新考』（講談社学術文庫）において詳しく説いたが、その中身は井上円了の定義とも、柳田国男の定義ともかなり異なっている。そして、私は私なりの定義を踏まえて「妖怪」に当てはまるような民俗語彙、民俗現象、民俗存在を考察してきたのである。

もう一つ忘れるわけにはいかないのは、学術用語・学術概念としての「妖怪」は、研究者のまったくの造語ではなく、民俗語彙として存在していた妖怪という語を借用して学術用語としたため、学術用語・学術概念化される以前から、民俗語彙としての妖怪が巷間《こうかん》に流布していたし、現代も流布していることである。もっとも、明治以前に妖怪という語が用いられていたとしても、その多くは「ばけもの」とふりがなが付されていることが多かったようである。

また、今日広く世間に流布している妖怪という語（民俗語彙、通俗的用法）は、明治以前からの民俗語彙・民俗概念の妖怪とつながりがあるとしても、その大半は妖怪研究者たちの研究成果が研究者の枠を超えて広く世間に浸透し、しだいに民俗語彙化・通俗概念化したものである。したがって、その過程で、当然のことだが、世間に流布している民俗語彙化した用法と学術概念としての用法とではズレが生じている。たとえば、水木しげるは、柳田国男らの研究の影響を受けて、妖怪をマンガに登場させたり絵画に描いたが、水木しげると研究者とでは、妖怪の用法にはズレが認められる。水木しげるなりの妖怪理解にしたがって作品が作られるからであって、これを非難するわけにはいかないだろう。むしろそうした通俗的な「妖怪」もまた私たちが考察すべき対象なのである。

いっぽう、「鬼」は民俗語彙・民俗概念である。古来、日本人は、特定の現象や存在を意味するものとして日本語の「おに」という語を用い、漢字が伝来すると、意味が類似する「鬼《き》」という漢字を充ててきた。

「鬼《おに》」は民俗語彙であり民俗概念であるので、その指示するものや意味するものを理解するには、その語が用いられている「現場」に赴き、その意味を調べなくてはならない。古代の「鬼」、中世の「鬼」、近世の「鬼」、さらには近現代の「鬼」の用法を、すなわち「鬼」が登場する文学や芸能、絵画、さらには日常会話における「鬼」の用法等々を、調べ、分析し、その作業を積み重ねることで、民俗語彙としての、民俗概念としての「鬼」の指示範囲や意味内容、その変遷の様子が明瞭《めいりょう》になってくるわけである。

本書は、こうした民俗語彙・民俗概念としての「鬼」について論じた論文やエッセイを集めたものである。もっとも、さまざまな媒体から求められるままに、その時々の考えにそって論じたものなので、議論の反復や引用の重複が多々見られる。その点はお許しいただきたいと思う。

私が「鬼」に興味をもったそもそものきっかけは、日本の歴史における敗者や被征服者、制外（外部）の者たちのさまざまな思いが、「鬼」に託されているのではないかと考えたからである。すなわち、「鬼」とは「王土」の周辺や外部にいる人々に貼りつけられたラベルのようなものと考えていたのである。

しかしながら、その探究を進める過程で、「鬼」にはそうした役割もあったが、それに留《とど》まらず、それは「過剰な力」を意味し、その力が社会にとって好ましくない事柄に幅広く適用されたときの用語・概念だということに気づいた。なによりもまず「鬼」は否定すべき邪悪な事柄を意味する概念であり「力」の象徴なのである。これは古代から今日まで変わることがない基本的な意味・概念であるといえるだろう。

本書に収めた論考では、つねにそのことを確認しつつ、「鬼」という語彙・概念がはらんでいる多様な意味を、物語や芸能、絵画などを吟味することで、えぐり出すことを試みている。

最後に、「妖怪」と「鬼」の関係について述べておこう。

「鬼」は、「天狗《てんぐ》」や「河童《かっぱ》」「山姥」「龍蛇」「狐」「狸」等々とともに、学術的操作概念としての「妖怪」概念によってからめとることのできる民俗語彙・概念である。しかも、「鬼」は「妖怪」概念の基本的な対象ともいってもよいほど重要な概念である。極言するならば、学術的な「妖怪」概念は民俗語彙としての「鬼」を検討するなかから立ち上がってきた概念であり、「鬼」とは「妖怪」とほぼ重なるだろうと言っても過言ではないほどなのである。そのことは、本書所収の論考からも垣間見ることができたのではなかろうか。「妖怪」というラベルを貼ることができるような現象・存在の多くは、

「鬼」を母胎にして生み出されたのではなかろうか。

本書を編むにあたって、旧稿を読み直し、若干の修正を施すなかで、私はそのような思いを新たにしたのだが、その判断は読者に委ねることにしたい。

二〇一八年六月十五日

小松和彦

初出一覧

鬼とはなにか　『都市問題』Ｖｏｌ．１０２、２０１１年２月、(財)東京市政調査会

鬼の時代——衰退から復権へ　『新編・鬼の玉手箱』福武書店・１９９１年

「百鬼夜行」の図像化をめぐって　『妖怪文化の伝統と創造』せりか書房・２０１０年

「虎の巻」のアルケオロジー——鬼の兵法書を求めて　『酒呑童子の首』せりか書房・１９９７年

打出の小槌と異界——お金と欲のフォークロア　『新編・鬼の玉手箱』福武書店・１９９１年

茨木童子と渡辺綱　『新編・鬼の玉手箱』福武書店・１９９１年

酒呑童子の首——日本中世王権説話にみる「外部」の象徴化　『酒呑童子の首』せりか書房・１９９７年

鬼を打つ——節分の鬼をめぐって　『悪霊論』筑摩書房・１９９７年

雨風吹きしほり、雷鳴りはためき……——妖怪出現の音　『悪霊論』筑摩書房・１９９７年

鬼の太鼓——雷神・龍神・翁のイメージから探る　『悪霊論』筑摩書房・１９９７年

蓑着て笠着て来る者は……——もう一つの「まれびと」論に向けて　『酒呑童子の首』せりか書房・１９９７年

鬼と人間の間に生まれた子どもたち——「片側人間」としての「鬼の子」　『異界を覗く』洋泉社・１９９８年

神から授かった子どもたち——「片側人間」としての「宝子・福子」　『異界を覗く』洋泉社・１９９８年

鬼《おに》と日本人《にほんじん》

小松和彦《こまつかずひこ》

平成30年 7月25日　初版発行
令和7年 6月5日　19版発行

発行者●山下直久

発行●株式会社KADOKAWA
〒102-8177　東京都千代田区富士見2-13-3
電話　0570-002-301（ナビダイヤル）

角川文庫 21065

印刷所●株式会社KADOKAWA
製本所●株式会社KADOKAWA

表紙画●和田三造

ISBN978-4-04-400402-6　C0139

角川文庫発刊に際して

角川源義

第二次世界大戦の敗北は、軍事力の敗北であった以上に、私たちの若い文化力の敗退であった。私たちの文化が戦争に対して如何に無力であり、単なるあだ花に過ぎなかったかを、私たちは身を以て体験し痛感した。西洋近代文化の摂取にとって、明治以後八十年の歳月は決して短かすぎたとは言えない。にもかかわらず、近代文化の伝統を確立し、自由な批判と柔軟な良識に富む文化層として自らを形成することに私たちは失敗して来た。そしてこれは、各層への文化の普及滲透を任務とする出版人の責任でもあった。

一九四五年以来、私たちは再び振出しに戻り、第一歩から踏み出すことを余儀なくされた。これは大きな不幸ではあるが、反面、これまでの混沌・未熟・歪曲の中にあった我が国の文化に秩序と確たる基礎を齎らすためには絶好の機会でもある。角川書店は、このような祖国の文化的危機にあたり、微力をも顧みず再建の礎石たるべき抱負と決意とをもって出発したが、ここに創立以来の念願を果すべく角川文庫を発刊する。これまで刊行されたあらゆる全集叢書文庫類の長所と短所とを検討し、古今東西の不朽の典籍を、良心的編集のもとに、廉価に、そして書架にふさわしい美本として、多くのひとびとに提供しようとする。しかし私たちは徒らに百科全書的な知識のジレッタントを作ることを目的とせず、あくまで祖国の文化に秩序と再建への道を示し、この文庫を角川書店の栄ある事業として、今後永久に継続発展せしめ、学芸と教養との殿堂として大成せんことを期したい。多くの読書子の愛情ある忠言と支持とによって、この希望と抱負とを完遂せしめられんことを願う。

一九四九年五月三日